역사 속의 채식인

피타고라스에서 뉴턴까지

차례

Contents

채식정명 - 왜 '채식주의자'가 문제인가

　이 책에서 나는 삶 속에서 동물의 살을 먹지 않았던 역사적인 사람들과 그들의 철학을 소개하고자 한다. 이를 시작함에 있어 무엇보다 선결되어야 할 과제는 동물의 살을 먹지 않는 사람을 무엇이라 지칭할 것인가 하는 점이다. 바른 의미를 지니지 못한 용어로 어떤 실체의 내용과 현상을 설명하기란 쉽지 않을 것이기에 말이다. 하여 글을 시작함에 있어 먼저 동물의 살을 먹지 않았던 이를 어떻게 부를 것인지를 분명히 한 후 그들의 삶, 철학을 소개하고자 한다.

Vegetarian의 어원

영어 어원사전에서 vegetarian은 고기를 먹지 않는 사람으로 풀이된다. 영어의 vegetarian이라는 단어가 고안된 것은 역사상 채식하는 사람들의 첫 모임이 있었던 1839년 영국에서였는데, 영어 veget(able)과 '-arian'을 조합한 것이다. 채소라는 뜻의 vegetable은 'veget'과 'able'이 결합하여 만들어진 것으로 able의 뜻은 원래 handle, held였으나 현대에는 capable이라는 뜻을 가지게 된다. 그리고 veget는 라틴어 vegetus에서 유래하였는데 그 뜻은 vigorous(원기왕성한), energetic(정력적인), lively(생기에 넘친), move(움직이다), excite(일으키다)이다.[1] 채식주의(vegetarianism)라는 용어는 vegetarian이 고안된 이후에 만들어져 '고기를 먹지 않는 것의 원리(principle) 또는 실천(practice)'이라는 뜻으로 1851년에 영어 vegetarian과 '-ism'이 결합하여 만들어졌다. 1911년에 발행되었던 브리태니커 백과사전에는 채식주의(vegetarianism)를 다음과 같이 정의하고 있다고 한다.

채식주의는 비교적 최근에 만들어진 단어로 생선, 고기, 가금류를 식품에서 사용하는 것을 제외하는 것에 적용되며 1847년부터 쓰이기 시작하였다.[2]

한편 고기뿐만 아니라 계란과 우유도 먹지 않는 의미의 vegan은 1944년 영국의 도널드 왓슨에 의해 제안되었다. 처음에는 채식단체의 소그룹으로 진행을 하려 하였으나 거절되자 독립적인 그룹을 만들게 된다. 그들은 스스로 무엇이라 부를까 고민하였는데 'veg(etarian)'+'an(사람을 뜻하는 접미사)'을 결합하여 vegan이라는 단어를 고안해 내고 비건 협회를 창설하게 된다.3)

채식은 언제부터 쓰였나

그렇다면 우리나라에서는 언제부터 '채식'이라는 말이 쓰이기 시작하였을까? 조선왕조실록 세종 7권 2년(1420)에는 전국의 효자, 절부, 의부, 순손을 찾아 포상을 하는 장면이 나온다.

함창의 유학 신효량은 조부의 무덤을 3년간 지키되 소식만 먹었다. …… 유학 신효온은 아버지 상사 3년간에 나물과 과일도 먹지 않고 …… (咸昌幼學申孝良, 守祖墳三年, 飯蔬食, 幼學申孝溫, 居父喪三年, 不食菜果)

이를 보건대 조선시대에는 채식을 소식(蔬食)으로 불렀음을 알 수 있다.4) 아마도 영국에서 식물만을 먹는 자로서 vegetarian이 고안된 이후인 19세기 말이나 20세기 초, 누군가에 의해 vegetarian의 어원이 되었던 veget(able)이 '채소(풀)'로 직역되고 '식물만 먹는 자'가 '채식주의자'로 번역이 되었을 것이다. 1939년에 발표되었던 이광수의 장편소설 『사랑』에는 이미 '채식주의'라는 구절이 나오고 있다.

그날 점심때에 순옥은 집에서 점심을 차리고 있었다. 토마토랑 고구마랑 감자랑 이런 것으로 비린 것 들지 아니한 안식일 교인식 요리를 만드는 것이었다. (중략) 이래서 순옥은 안식일교의 채식주의를 좋아한다. 순옥은 선천적으로 살생을 싫어하는 마음이 있었다.[5]

1902년 우리나라에 처음 소개된 안식일교라는 기독교의 교파를 통해 채식주의가 인용된 것이긴 하지만, 이상주의적이고 불교적인 색채가 농후하다고 평가받는 이광수의 대표작에서, 특히나 주인공을 묘사에서 장면에서 '채식주의'가 나오고 있음은 1930년대 우리나라에서도 식물만을 먹는 '채식'이 아주 낯설지는 않았을 것임을 짐작하게 한다.

채식의 의미

채식은 한자로 '菜食'으로 쓰는데 '菜'는 '艹(풀 초)'와 '爪(손톱 조)' 그리고 '木(나무 목)'자가 합쳐진 문자로 '采(채)'가 음(音)을 나타내고 '艹'는 풀(草)의 뜻(意)을 나타내어 심어서 기른 풀, 곧 채소(菜蔬)를 표현하였다. 자전에서 살펴보면 채식을 '푸성귀로 만든 반찬만을 먹음'[6]이라 해설해 놓았는데 한자의 채식은 vegetarian의 어원이었던 veget(abel)을 푸성귀, 채소로 해석한 것임을 알 수 있다. vegetarian을 한자로 번역하는 과정에서와 마찬가지로 채식은 지금도 단지 풀만 먹는다는 뜻으로 사람들에게 인식되어 있어 채식에 대한 편견에 힘을 더하고 있다. '풀만 먹고 어떻게 살아?'라는 우스갯소리를 보건대 채식이라는 단어가 편견의 인식에 상당부분 기여하고 있음을 부인하기 어렵다. 바른 채식의 핵심은 통곡류, 콩류, 견과류, 종실류, 채소류, 해조류, 과일류를 골고루 먹는 것이며 어원적으로만 본다면 채식은 이 중 채소류만을 나타내고 있다. vegetarian의 어원인 vegetus의 의미로 거슬러 올라가 vigorous, energetic, lively, move, excite를 음미해 본다면, 채식은 건강식이나 활력식, 생명식, 역동식 정도로 표현될 수 있겠다. 중국에서는 채식을 소박한 식사라는 뜻의 '素食(소식)'으로 흔히 표현하고 있으며 일본은 한국처럼 채식이라는 용어를 쓴다.

왜 '-주의자'인가?

하지만 채식의 바른 이해를 어렵게 하는 더욱 심각한 문제는 '채식'보다도 '-주의자(主義者)'에 있다. 한글사전에서 '주의자'는 어떤 주의를 굳게 믿어 그것을 내세워 주장하는 사람으로 해석된다. '주의자'는 영어로 'ideologist'로 번역되는데 "특정 이데올로기의 신봉자, 공론가, 공상가, 관념학파의 사람, 관념론자"[7] 등으로 풀이되는 것에서 알 수 있듯이 '주의자'는 그리 긍정적이지 못한 뉘앙스를 가지고 있다. 국수주의자, 금권만능주의자, 근본주의자, 금욕주의자 등의 예에서 보듯 '주의자'가 붙는 대개의 단어는 분명 유쾌한 어감은 아니다. 왠지 현실성과 떨어지는 듯한, 극단적인 소수들의 주장이라는 그런 뉘앙스가 많다. 이래서인지 요즘 꾸준히 증가하고 있는, 채식을 하는 보통사람들은 이렇게 말하곤 한다. "나는 채식을 하긴 하지만 채식주의자는 아니에요."

이들은 이미 '-주의자'에 대한 부당함을 직관적으로 인식을 하고 있는 것이며 '채식주의자'가 아닌 다른 무엇으로 불러줄 것을 암묵적으로 요구하고 있다.

채식주의자가 아니라면 무엇인가?

이미 우리에게 널리 알려진 '채식'이라는 두 글자를 어찌할 수 없다면 채식이 포함되면서도 다른 느낌을 줄 수 있는, 내용적으로도 다른 의미를 가진 어떤 단어가 필요하다. 필자는 우선 '채식가'는 어떨까 하여 국어사전에서 '-가'를 살펴보았다. 다음과 같은 뜻풀이가 나온다.

가(家)는 접미사로 일부 명사 뒤에 붙어 1.그 방면의 일을 전문으로 하는 사람. 2.그 방면의 일을 능란하게 하는 사람. 3.그러한 것을 많이 가지고 있는 사람. 4.그러한 성질이나 경향이 두드러진 사람. 5.그러한 집안을 뜻한다.[8]

'-가' 역시 요즘의 보통의 채식하는 사람들을 지칭하기에는 그리 적절치 못함을 알 수 있었다. 채식이라는 게 특별한 성질 이나 경향이 있어야 할 수 있는 것도 아니며, 특별히 전문적인 그 무엇을 필요로 하는 것도 아니기에 말이다.

다음으로 채식가와 함께 흔히 쓰이곤 하는 '채식인'을 떠올려 보았다. 국어사전에서 '-인'은 다음과 같이 풀이되어 있다.

1.사람, 2.접미사로 일부 명사 뒤에 붙어, '그 일에 종사 하거나 거기에 딸린 사람'9)

채식인에 붙는 '-인'은 2번보다는 1번의 '사람'이라는 뜻이 다. 예를 들어 '한국인'이라는 단어에서 '-인'은 '사람'이라는 의미이듯 말이다. 2번의 '그 일에 종사하거나 거기에 딸린 사 람'이라는 것도 채식의 중요성과 의미를 적극 알리고자 하는 채식 활동가들에게 이름 붙인다 해도 그리 나쁘진 않다. 영어 의 번역이라는 관점에서 보아도 처음 고안되었던 'veget+ arian'이 '채식+인'으로 해석되고, 'vegetarian+ism'이 '채식+ 주의'로 해석되는 것이 타당하다. 채식주의자를 굳이 영어식 으로 하자면 'vegetarianism'에 '-ist'를 붙여 'vegetarianismist' 정도나 'vegetarian activist' 정도가 어울릴 것이다. 조용히 한 자 한자 불러본다.

"채. 식. 인."

옳조려 보니 부드럽고 조용히 소리가 모아진다. 이렇게 하
니 채식을 하는 보통 사람을 채식인으로, 채식주의를 알리는
보다 적극적인 사람을 채식주의자로 부를 수 있게 되었다. 자
이제 우리 함께 세계의 유명 채식인의 삶을 방문해 보자.

석가모니 - 산 풀도 밟지 않는 것이거늘

고대 힌두교의 아리아인들은 브라만(제사장, 선생), 크샤트리아(전사, 왕, 행정관), 바이샤(상인, 농부, 양치기), 수드라(노동자, 공예가)의 네 가지로 사회구성원들을 나누었는데 그것은 선천적인 자질이나 직업적인 잠재능력에 근거한 것이었다. 카스트(Caste)라 불렸던 이 제도가 성립될 초기에는 네 구성원들이 동등한 중요성을 가졌고 모두가 아리안 사회를 구성하는 데 필수적인 존재로 간주되었다. 그러나 시간이 지나며 그룹 간에 서열이 매겨지고 한 그룹이 다른 그룹을 지배하고 착취하게 된다. 민중들의 고통은 커져만 갔고 이러한 사회적 분위기에서 석가모니가 탄생한다. 석가모니(釋迦牟尼, Śāakyamuni)는 석가족 출신의 성자라는 뜻인데, 석가족은 지금의 네팔과 인도 국경의 작은 왕국이었다. 기원전 566년에 태어나 풍족한 환경에서 자랐던 그는 16세에 결혼을 하였으나 곧 누구도 피할 수 없는 이 세상의 고통을 인식하게 된다. 그리하여 29세의 나이에 생로병사를 벗어나려 출가하여 세상을 돌아다니며 스승을 찾아 깨달음을 구했고 깊은 선정에도 들었으나 그의 내면은 만족할 수 없었다. 심지어 그는 극심한 고행을 선택하면서 독자적인 수행을 진행하였으나 몸만 극도로 쇠약해지게 된다, 이때 수자타의 공양을 받고 다시 기운을 차려 보리수 아래에서 진리를 얻게 된다. 깨달음을 얻고 처음에 그는 세상 사람들이 심오한 진리를 이해할 수 있을 것인지 망설였으나 자신이 인연이 됨으로 인하여 깨달을 사람들이 있음을 알고 설법을 시작하게 된다. 석가모니가 처음 법을 설한 사람은 바라나시의 녹야원에서 자신과 함께 고행하던 다섯 비구였는데, 그 중심 내용은 네 가지 거룩한 진리와 여덟 가지 바른길에 대한 것이었다.

네 가지 거룩한 진리와 여덟 가지 바른길

'네 가지의 틀림없는 진리'라는 뜻을 가지고 있는 사성제(四聖諦)는 고집멸도(苦集滅道) 4제라고도 하는데 불교의 골격으로 일컬어진다. 그 내용은 이 세상은 모두가 고통이라는 고성제(苦聖諦), 고(苦)의 원인은 애착과 집착이라는 집성제(集聖諦), 이 애착과 집착을 완전히 없애면 고통이 사라진다는 멸성제(滅聖諦), 8고통을 없애는 방법이 있다는 도성제(道聖諦)로 구성된

다. "그렇다면 고통을 없애는 방법은 무엇입니까?"라고 제자
가 물었을 때 석가모니는 정견(正見), 정사유(正思惟), 정어(正
語), 정업(正業), 정명(正命), 정정진(正精進), 정념(正念), 정정(正
定)의 팔정도를 제시한다. 다시 제자는 석가모니에게 묻는다.

　　"좀 더 자세히 말씀을 해 주십시오. 대체 무엇이 정견이
　며 정업입니까?"
　　"악하지 않은 의지의 견해, 해함이 없는 견해 이것을 바
　른 견해라 한다. 바른 행위는 무엇인가? 생명을 파괴하지 않
　는 것, 주어지지 않은 것을 가지지 않는 것, 성적으로 문란
　한 행위를 하지 않는 것이 바른 행동이다."

석가모니는 거듭 생명을 해하는 것이 진리에 어긋나는 것
임을 분명히 한다.

　　"세 가지의 진리에 일치하지 않는 바르지 않은 행위가
　있다. 누군가 살아 있는 생명을 죽이는 것, 그는 살인을 하
　였고, 손에 피를 묻혔으며, 폭력을 행했고 살아 있는 존재에
　자비심 없는 것이다."[10]

깨달은 석가모니의 첫 번째 교설이었던 사성제, 팔정도를
근거해 보면 불교사상에서는 무엇보다 다른 생명을 함부로 해
하지 않고 소중히 하는 것이 중요한 부분임을 알 수 있다. 그

것은 힌두철학과 마찬가지로 인과설과 윤회설이 불교철학의
중심 사상이기 때문일 것이다.

석가모니의 인과론과 윤회론

석가모니의 인과의 원리, 즉 원인이 있으면 결과가 있다는
카르마 원리는 윤회에도 같은 방식으로 적용되고 있다. 석가
모니가 살라(Sala)라고 하는 코살라 브라만 마을에 도착하였을
때 한 브라만이 석가모니에게 묻는다. "위대한 성자시여, 왜
어떤 존재는 죽어 육체가 소멸된 후, 나쁜 운명으로 비참한 상
태에서 다시 태어나게 되는 것입니까?" 석가모니는 그가 살아
생전에 생명을 해하고 자비가 없었음을 지적한다.

어떤 남성이나 여성이 살아 있는 생명을 죽였고 살인을
하고 손에 피를 묻히고, 폭력을 행하고, 살아 있는 생명에
무자비하였다. 이런 행위를 하였기에 죽은 후 그는 나쁜 운
명으로, 지옥과 같은 낮은 세계에서 비참한 상태로 태어난
다. 그러나 대신에 사람으로 태어난다면 그의 수명은 짧게
된다.[11]

삼정육의 진실

간혹, 고기의 악습에 길들어서 그 유혹을 끊지 못하는 불자

들 중에는 세 가지 깨끗한 고기(三淨肉)는 먹을 수 있다는 방편법문(方便法門)을 주장하기도 한다. 자신의 눈으로 그 살생(도살)하는 장면을 보지 않은 고기, 나를 위해 살생했다고 듣지 않은 고기, 나를 위해 살생했다는 의심이 없는 고기는 석가모니께서 먹어도 된다고 허락하셨다는 것이다. 그러나 이것은 탁발에만 의존하여 하루 1식의 생활을 하던 먹을 것이 절대적으로 부족하였던 시대에 어찌할 수 없는 상황을 간과한 것이다. 그리고 보시하는 자의 정성을 크게 여겨 방편으로 용인된 것이지 지금처럼 다양한 종류의 채식 식품들을 쉽게 풍족하게 구입할 수 있는 상황에 적용되는 내용은 분명 아니다.

『열반경(涅槃經)』에는 가섭(迦葉)이 부처님께 삼정육에 대해 질문하는 장면이 나온다.

"어찌하여 처음에는 세 종류의 깨끗한 고기를 먹을 수 있다고 허락하셨습니까?"

"이는 상황에 따라 점진적으로 통제하기 위한 것이었는데, 이제는 모든 육식을 끊을 줄 알아야 한다."

『능가경(楞伽經)』에도 고기를 먹으며 석가모니의 말씀을 왜곡하는 자를 경계하고 있다.

미래의 세상에 어리석은 자들이 계율을 망령되이 언급하며, 정법(正法)을 어지럽히고 나(부처님)를 비방하면서, 내가

육식을 허락했다고 말하며 자신도 먹을 것이다.[12]

『수능엄경』에는 고기를 먹는 자는 깨달음을 절대 얻지 못할 것이라고, 고기를 먹으며 진리를 얻는다는 자는 거짓된 귀신무리들이라고 말한다.

"아난아, 이 세계의 여섯 갈래 중생들이 산 것을 죽일 마음을 끊지 않으면 번뇌에서 벗어나지 못할 것이다. 설사 지혜가 있어 선정이 앞에 나타날지라도 죽일 마음을 끊지 않으면 반드시 귀신의 길에 떨어져 으뜸은 기운 센 귀신이 되고, 중간은 날아다니는 야차와 귀신의 장수가 되며, 끝으로는 땅에 다니는 나찰이 되리니 저 귀신들도 무리가 있어 제각기 위없는 도를 얻었노라 하느니라. 내가 열반한 뒤 말법시대에 귀신 무리들이 세상에 많이 성행하여 고기를 먹고도 보리에 이르는 길을 얻었다 하리라. (중략) 네가 세상 사람들로 하여금 삼매를 닦게 하려거든 죽이는 일을 끊게 할지니 이것이 부처님의 맑고 깨끗한 가르침이니라. 그러므로 아난아, 산 것 죽이는 것을 끊지 않고 선정을 닦는 것은 제 귀를 막고 큰 소리를 치면서 남이 듣지 못하기를 원하는 것과 같아 숨길수록 드러나는 것이라. 청정한 비구나 보살이 길 다닐 적에 산 풀도 밟지 않는 것이거늘 하물며 제 손으로 뽑을까 보냐. 자비를 행한다면서 어찌 중생의 고기를 먹겠느냐."[13]

이어 석가모니는 먹는 것뿐만 아니라 더 나아가 진리를 닦고자 하는 자는 입는 것, 신는 것조차 동물을 해함으로써 얻어지는 것을 이용해서는 안 된다고 지적한다.

"만일 비구들이 동쪽 나라에 있는 명주실이나 풀솜, 비단 등속과 이 지방에 나는 가죽신이나 가죽옷, 털붙이를 입지 아니하면 이러한 비구는 세간에서 참으로 벗어나 묵은 빚을 갚는 것이므로 삼계에 다시 나지 아니하리라. 어찌하여 그러하냐. 그들의 몸붙이를 입거나 먹으면 모두 그들의 인연이 되나니, 마치 사람이 땅에서 나는 곡식을 먹고 발이 땅에서 떨어지지 못하는 것과 같으니라. 반드시 몸과 마음으로 중생의 살이나 몸붙이를 입거나 먹지 말지니 이런 사람은 참으로 해탈한 사람이니라."

석가모니가 방편으로 어떠한 말씀을 하셨든 그의 진정한 가르침, 근본 의도는 다른 생명을 함부로 해하지 않는 것이라 하겠다. 따라서 채식은 그 중심에 확고히 자리 잡을 수밖에 없는 것이다.

피타고라스 - 내면의 언어는
사람과 동물이 같다

19세기 초에 '채식인(vegetarian)'이라는 낱말이 고안되기 전까지 식물만을 먹는 식이가 '피타고라스식 식사법'이라고 불린 사실에서 알 수 있듯이 피타고라스는 서구채식의 역사에서 매우 중요한 인물이다. 그는 그리스의 섬 사모아(Samoa)에서 기원전 580년경에 태어났는데 당시에 이곳은 문화적으로 과학적으로 문명화된 곳이었다. 부유한 상인이었던 그의 아버지의 뒷받침으로 피타고라스는 어려서부터 당대의 유명한 철학자들로부터 배울 수 있었다.

피타고라스의 학생시절

　피타고라스의 첫 배움은 신비주의가 가미된 철학자였던 페렉키데스(Pherekydes)로부터였는데 그의 가르침은 우주의 창조자는 물질을 만들 때 서로 반대되는 근원 질료를 결합하여 섞었고 그것들은 전체적으로 조화를 이룬다는 것이었다. 이후 피타고라스는 이오니아로 건너가 당대 그리스의 최고의 철학자로 여겨졌던 탈레스(Thales)에게서 모든 것에는 신이 충만해 있고, 영혼은 우주의 모든 것이 혼합되어진 것이라는 가르침을 받는다. 탈레스가 당시 노년이었기에 탈레스의 제자인 아낙시만더(Anaximander)는 피타고라스의 세 번째 스승이 되었다. 아낙시만더는 기하학과 함께 인간은 한때 물고기였고 다른 종류의 동물로부터 인간이 되었다는 진화론을 가르쳤다. 그리고 우주에는 창조자라는 것은 없고 비인격적인 힘이 있을 뿐인데 우주는 시작도 없고 끝도 없다고 알린다.

　피타고라스는 수학을 더욱 배우라는 탈레스의 권유에 힘입어 당시 세계의 문화 중심지였던 이집트로 유학을 가게 된다. 이집트의 디오폴리스(Diospolis)에서 엄격한 시험을 통과하고 비밀을 지키겠다는 침묵의 서약을 한 후 그는 이집트의 신비주의 그룹에 입문을 하게 되는데, 채식을 해야 할 뿐만 아니라 모(wool)와 같은 동물성 옷조차 입어서는 안 되며 신발은 파피루스(papyrus)로 만든 샌들만이 허용되었다. 피타고라스는 정화의식과 기하학, 오시리스의 의식 등을 배우게 된다. 기원전 525년 페르시아가 이집트를 침입하게 되면서 피타고라스는 감금되지만 부유한 상인이었던 아버지에 의해 곧 풀려나게 된다.[14]

피타고라스 학교

피타고라스는 기원전 529년, 남부 이탈리아의 도시였던 크로톤에 자리 잡는다. 한창 번영하고 있던 이곳에서 피타고라스는 열렬한 환영을 받는데 3세기에 피타고라스의 전기를 썼던 이암블리커스(Iamblichus)는 한 번에 2,000명이 넘는 청중들이 피타고라스의 연설을 들었다고 묘사한다. 그는 곧 이탈리아 남부지역의 600명이 넘던 철학자들의 리더가 되고 도시 근교에 모든 살아 있는 존재들과의 신비적인 합일과 비폭력, 채식을 기초로 한 학교를 세운다. 그 학교에 입학하기 위해서는 먼저 3년 동안 성실성과 '지식에 대한 사랑'이 있는지 확인을 받아야 했고 입학을 통과한 후에는 5년간 침묵을 하겠다는 서약을 해야 했다. 그리고 입문자들의 개인재산은 공동소유가 되었다.

피타고라스는 피타고라스의 정리뿐만 아니라 다른 많은 수학과 기하학의 원리들도 가르쳤다. 또한 수학적인 비례에 의해 결정된 음악의 화음을 처음으로 인식하였는데 피타고라스 형제단에게 음악은 철학의 한 갈래였으며 피타고라스는 음악은 인간의 건강에 도움이 된다고 생각했다. 음악은 욕망을 치유하는 방편으로 사용되었는데 춤이 함께 활용되었다.15) 피타고라스는 코페르니쿠스 이전에 지구가 태양 주위를 움직인다고 주장하였다. 달은 빛을 반사하여 빛나는 것이며, 우리가 물체를 인식하는 것은 빛이 물체에 부딪치기 때문이라고 설명했다. '모든 것은 수(number)'라는 피타고라스의 가르침의 본뜻은 '우주는 수학적인 공식이라는 법칙에 의해 지배된다.'는 것이었다. 즉, 궁극적으로 숫자를 통해서만 물체의 형태와 성질의 기원에 대해 답을 제공할 수 있다는 것인데 시간과 공간에 근거한 물리학의 중요성을 일찍이 간파한 것이라 보인다.

형제단은 남녀평등에서도 매우 합리적이어서 학교를 세우기 시작할 때부터 여성은 과학과 철학의 영역에서 지적으로 남성과 동등한 동료로서 받아들였고 그 능력에 따라 서열의 상승을 허용하였다. 뿐만 아니라 남성과 여성 단원은 결혼을 하고 어린 피타고라스 형제단원을 양육하도록 장려되었는데 피타고라스는 스스로 수학의 천재로 불렸던 테아노(Theano)와 결혼을 하여 모범을 보였다.

피타고라스는 인간의 육체가 개발되고 더욱 유연해지면 영혼을 위한 효율적인 도구가 될 수 있다고 하였다. 그래서 피타고라스는 그의 형제단들에게 남성과 여성 모두 매일 운동을 하도록 하였는데, 달리기, 혼자 하는 복싱, 레슬링, 체조 등이 포함되어 있었다.

그 결과, 이상적인 인간형을 추구하였던 피타고라스 형제단의 학생들은 위대한 철학자이자 수학자로 등장할 뿐만 아니라 동시에 그 사회에서 수많은 채식인 운동 챔피언들로 나타난다. 대표적인 인물이 크로톤의 밀로(Milo)인데 그는 채식을 하였던 올림픽 우승자이다.

피타고라스 사회는 신비주의적 명상과 고도의 지적인 활동, 육체적인 단련, 채식주의가 함께하였던 이상적인 공간이었다. 피타고라스 학교는 플라톤의 아카데미와 정통 철학자 그룹들의 모델이었을 뿐 아니라 에세네와 같은 비교적이고 신비주의적인 신앙사회의 기초를 형성하는 데에도 영향을 주게 된다.

모든 동물은 생명의 형제

피타고라스 형제단의 중요한 기본 교의는 영혼의 초월에 있었다. 힌두교처럼 피타고라스는 영혼이 끝없는 윤회의 사이클을 통해 지구에 존재하는 생명의 형태로 태어난다고 생각했다. 이전의 삶의 행위에 근거하여 영혼은 하데스(Hades)에서 판결을 받고 그에 합당한 벌이나 상을 받는데 뱀, 사슴, 곰, 왕자, 노예 또는 철학자로 환생을 하게 된다. 피타고라스 형제단에게 있어 윤회과정 중 가장 높은 단계는 철학자였다. 그러나 영혼에게 있어 가장 큰 보상은 윤회의 수레에서 벗어나 완전한 자유를 얻는 것인데 그것은 원래 왔던 곳으로, 즉 신성한 축복의 상태로 회귀하는 것이다.

피타고라스는 물고기부터 철학자까지 모두 형제관계이고 영혼은 이들 형태들 간에 이동할 수 있다고 가르쳤다. 따라서 이들에게 있어 채식은 너무나 당연한 실천이었다. 피타고라스는 인간은 내면의 언어와 외면의 언어가 있지만 동물들은 내면의 언어만 있다고 가르쳤는데, 내면의 언어는 사람이나 동물이나 다를 바 없다고 생각했다.

따라서 고기를 먹는 것과 물질주의는 피타고라스 학교에서는 금기였다. 피타고라스 학교의 철학자들에게 그것은 도덕적인 수치로 간주되었을 뿐만 아니라 순수한 명상을 방해하는 것으로 여겼다. 그들은 또한 흰색의 식물성 망토를 입었으며 동물을 사냥하거나 양털로 만든 옷도 사용하지 않았다.[16]

피타고라스는 사람들이 동물들을 해하지 않도록 주의시켰으며 야생동물조차 벌이 아닌 말과 행위로 가르치려 했다. 그는 더 나아가 정치가들에게 법을 제정하여 사람들이 동물을 먹지 못하도록 시도하였다. 피타고라스 형제단에게 있어 인간과 동물은 친족관계였다. 따라서 어떤 동물도 해를 입어서는 안 되는 것이었고 입법은 분명 필요한 일이었다. 흥미로운 사건임에 분명하다. 그들의 세계관을 기준으로 채식을 법으로까지 제정하고 이를 도시국가의 모든 시민들에게 적용한다는 것. 그러나 결국 피타고라스는 현실적으로 보통 사람들이 완전히 정화되거나 신성하지 않으며 철학적이지도 못하다는 점을 인정하고 고기 먹는 것을 허용한다. 하지만 동물을 먹더라도 심장과 뇌와 골수를 먹지 않도록 금지시키는데, 이러한 부위는 천상계와 공명을 하는 첫 번째 신호이자 메신저라고 믿었기 때문이다.[17]

소크라테스 - 전쟁의 기원은 육식에 있다

　　펠로폰네소스 전쟁은 기원전 434년에 시작되어 근 30여 년 간 진행되었던 아테네와 스파르타 간의 전쟁이다. 민주정치의 아테네와 과두정치의 스파르타는 동맹시(同盟市)들을 모아 싸웠고 결국 스파르타의 승리로 끝나게 된다. 기원전 404년 경 전쟁에서 패한 아테네는 스파르타에 의해 민주정치가 폐지되고 30인에 의한 과두정치가 수립된다. 그러나 후기에 강건파가 정권을 잡으면서 민주파 시민 1,500명이 몰살되고 재산이 몰수되는 등 공포정치가 자행되었다. 기원전 403년, 이에 대항한 민주파의 공격으로 30인 참주의 과도정치는 8개월 만에 막을 내리고 아테네의 정권은 민주파로 넘어갔다. 새로운 정부는 이전의 폭정과 닮은 모습을 피하려 했음에도 70세의 소크라테스에게 기원전 399년 사형을 언도한다. 표면적으로는 젊은이들을 선동하고 이상한 신을 소개한다는 죄목이었으나 실은 그가 민주주의에 대해 질문을 던졌기 때문이었다. 당시의 어수선한 정치 환경에서 소크라테스의 질문은 그들에게 두려움의 대상이 된 것이었다.

가난하고 못생겼던 석공의 아들

소크라테스는 아테네 토박이로 기원전 470년 안티오키 부족이었던 소프로니스쿠스와 파에나레테의 아들로 태어났다. 그의 아버지는 조상으로부터 물려받은 석공 또는 조각의 일을 하였고 소크라테스 역시 어린시절에 그 기술을 배웠다. 크리토에 의하면 그의 아버지는 소크라테스에게 당시 초등교육이었던 음악과 체육을 배우도록 했다.[18] 소크라테스는 가난한 노동자 집안에서 태어났고 커서도 돈벌이를 하지 않고 사람들과 대화하며 돌아다녔기에 늘 가난했다.[19] 외모도 추한 편이었다. 『향연』에 묘사된 그는 넓고 평평한 코, 툭 튀어나온 눈, 두꺼운 입술의 사내였다. 더군다나 소크라테스는 외모에 관심이 없어서 신발이나 옷을 사는 일도 거의 없었고, 보통은 맨발로 다녔으며 잘 씻지도 않았다고 조롱받곤 했다.

"그는 방금 목욕을 하고 신을 신고 나선 소크라테스를
만났다는 걸세. 그것은 그분에게 흔치 않은 일이었지."[20]

현실세계는 이데아의 불완전한 그림자에 불과하다고 여겼던 소크라테스에게 그것은 당연한 일이었을 것이다. 그러나 그가 틈만 나면 체육관에서 시간을 보낸 것에서 알 수 있듯 그의 육체는 매우 건장하였고 튼튼하였으며 주량도 셌다. 소크라테스의 유년시절과 성인시절은 유명한 철학자, 역사가, 문학가들이 활약하던 영혼의 황금시대였고 아테네는 물질적으로 번영을 구가하던 시절이었다. 소크라테스는 두 번의 결혼을 하였는데 인생의 말년에 크산티페(Xanthippe)와 결혼하여 아들을 얻었다. 장남의 이름은 람프로클레스였고 그가 독배의 선고를 받았을 때는 청년이었다. 막내는 크산티페의 품에서 젖을 먹고 있었다.

전쟁터에서의 소크라테스

소크라테스가 30대 초반일 무렵에 아테네와 스파르타 간에 전쟁이 일어났다. 그는 아테네 시민의 일원으로 의무적으로 징집되어 펠로폰네소스 전쟁 초반기인 포테이다이아(BC 432), 델리움(BC 424), 암피폴리스(BC 422) 등 몇 번의 전투에 보병으로 참여하였다. 소크라테스는 전투 중에 부상당한 알키비아데스 장군을 구출하기도 하였는데, 알키비아데스는 그의 용맹과 초인적인 의지, 인내를 다음과 같이 묘사한다.

"무엇보다 그는 어려움을 참아내는 데 있어 나뿐만 아니라 누구보다 강했습니다. 전투 중에 흔히 있는 일이지만 식량이 떨어질 때에도 그는 아무렇지도 않아 했고 식량사정이 좋을 때에도 그 혼자서만 맛을 충분히 즐길 수 있었습니다. 그는 술 마시는 것을 달가워하지 않았지만 권하여 일단 마시게 되면 누구도 그와 대적할 수 없었습니다. 무엇보다 가장 주목할 만한 점은 아무도 소크라테스가 술에 취한 모습을 본 적이 없다는 것입니다."21)

그가 징집된 것은 30대 후반이었으나 다른 20대들보다 오래 행진할 수 있었고 음식을 먹지 않고도 며칠 동안 견딜 수 있었다. 음식과 성욕에 대한 그의 기호와 열정은 이미 내면의 엄격한 절제를 받고 있었던 것이다.

이어서 알키비아데스는 소크라테스가 한겨울 마케도니아의 전쟁터에서 얼음 위를 맨발로 뛰어다니는 모습을 묘사한다.

"정말 매서운 추위가 있었습니다. 모든 병사가 막사 내에 머무르고 밖으로 나가지 않았습니다. 나가더라도 병사들은 두꺼운 옷을 입고 가죽과 양털로 만든 신을 신고 나갔습니다. 그러나 소크라테스는 소매 없는, 솜으로 된 외투만 걸치고 신발도 없이 맨발로 얼음 위를 걸어 다녔습니다. 두꺼운 털가죽신을 신은 사람들보다 더 쉽게 말입니다. 병사들은 그를 의심스럽게 보았고 소크라테스가 자신들을 얕보고 있다고 생각하였습니다."22)

20대의 젊은이들이 무거운 양털로 짠 망토와 모피를 둘러 싸고, 발을 털로 감싸고 있었음에도 소크라테스는 가벼운 솜으로 된 가운을 입고 맨발로 얼은 땅 위를 질주하였다. 소크라테스가 동물성 가죽으로 된 신발을 신는 것을 달가워하지 않았던 것은 그가 채식을 하는 이유 때문이었다.

국가의 기원

글라우콘은 플라톤의 작은형으로 『국가』편에서 중요한 대화자로 등장한다. 그는 사람들이 '처벌과 같은 결과 때문에 올바른 행동을 할 뿐 올바르지 못한 사람이 더 행복하게 살 수 있다.'고 주장한다. 이에 대해 소크라테스는 '정의로운 인간이 정의롭지 않은 인간보다 행복하다.'는 것을 설명하기 위해 개인보다 큰 범주인 국가를 다루면서 먼저 국가의 기원을 설명한다. 그는 한 사람이 여러 가지 일을 하기보다는 여러 사람이 한 가지씩의 일을 하면서 생산물을 서로 나누는 것이 훨씬 효율적이기에 사람들이 모여 살게 되었고 국가가 시작되었다고 보았다. 소크라테스는 자연의 법칙을 따르는 이상적인 국가가 시작될 때에 육식이라는 것은 없었다고 말한다.

사람들은 음식, 포도주, 옷들 그리고 신발들을 만들 것이다. 그들이 그렇게 하지 않겠는가? 그리고 그들이 살 집을 세울 것이다. 여름에는 대부분 옷을 벗고 맨발로 일을 할 것이지만 겨울에는 적절한 옷을 입고 신발을 신을 것이다. 영양을 위해 보리와 밀가루를 먹을 것이고, 반죽을 하고 소중한 케이크와 빵을 만들고 깨끗한 잎 위나 갈대 위에 놓을 것이다. 그들은 주목과 도금양 나무로 만든 긴 소파에 누울 것이다. 그리고 자녀들과 잔치를 하고 술을 마시고 신을 찬미할 것이다. 그들은 서로 성관계를 즐길 것이지만 빈곤이나 전쟁을 불러일으키지 않도록 그들의 자원이 허용하는 것 이상으로 자녀를 많이 낳지는 않을 것이다. (중략) 또한 소금, 올리브, 치즈, 그리고 그들의 나라에서 끓이는 방법으로 뿌리와 채소를 끓일 것이다. 우리는 그들에게 역시 무화과, 병아리콩, 잠두로 이루어진 디저트를 줄 것이다. 그리고 술을 마시기 전에 도금양과 도토리를 알맞게 익히고 볶을 것이다. 그들은 평화롭고 건강하게 살아갈 것이다. 천수를 다하고 죽을 것이며 그들의 자녀에게 이러한 삶의 방법을 전수할 것이다.[23]

도시국가가 시작될 때 사람들은 처음 보리와 밀로 빵과 케이크를 만들고 갖가지 채소와 무화과, 병아리콩, 잠두, 도토리, 소금, 치즈를 먹는 채식생활을 했고 신을 찬미하며 평화롭게 천수를 다하며 살았다.

글라우콘은 이와 같은 단순한 음식들로는 사람들이 만족하지 못하며 보다 많은 것이 필요하지 않은가 하고 묻는다. 소크라테스는 이에 답한다. 사람들이 육체의 말초적인 감각의 만족을 추구한다면 도시는 점점 많은 것들이 필요할 것이고 이어서 정의롭지 못한 도시국가로 변해간다고. 그리고 고기의 등장이 필연적으로 동반되고 고기 소비를 유지하고자 점점 많은 땅과 자원, 사람들이 필요해지고 결국은 전쟁의 발생으로 이어진다고.

소크라테스 : 그렇다면 우리는 우리의 도시를 다시 크게 해야 할 것입니다. 처음의 그 건강한 도시는 더 이상 적절하지 않게 됩니다. 대신 우리는 이제 도시의 크기와 인구를 증가시키고 도시를 위해 필요한 다양한 것들로 채웁니다. 예를 들어 사냥꾼들과 모양, 색들과 관련된 많은 것들, 음악과 관련된 많은 것들, 시인과 그 보조자들, 랩소디, 배우들, 합창무희들, 연극제작자들이 필요해질 것입니다. 그리고 여러 가지 장치를 만들기 위한 장인들이 있어야만 할 것이고, 여성의 장신구를 위해 필요로 되는 이들이 있어야 할 것입니다. 그런 다음 우리는 보다 많은 하인들이 필요할 것입니다. 교사, 유모, 미용사, 이발사, 그리고 맛있는 요리와 고기요리들이 역시 필요로 할 것입니다. 게다가 우리는 농장의 돼지를 위해 사람들이 필요로 할 것입니다. 이 동물은 우리의 초기 도시에서는 필요하지 않았기에 존재하지 않았었습니다. 그러나 이제 우리는 그것이 필요하게 될 것입니다. 그리고 우리는 또한 다른 종류의 고기를 생산하는 많은 수의 동물들이 필요할 것입니다. 만약 누군가가 그것들을 먹는다면 우리가 필요로 하지 않겠습니까?

글라우콘 : 우리는 확실히 그럴 것입니다.

소크라테스 : 그리고 만약 우리가 그렇게 산다면, 우리는 이전 보다도 더 많이 의사를 필요로 하게 될 것입니다.

글라우콘 : 예, 보다 많이 필요로 할 것입니다.

소크라테스 : 그리고 그 인구를 먹여 살리기에 충분하였던 땅은 이제 작아지고 불충분해지게 될 것입니다. 글라우콘이여. 당신은 동의합니까?

글라우콘 : 동의합니다.

소크라테스 : 그렇다면 우리는 우리 이웃의 땅의 일부를 빼앗아야만 하지 않겠습니까? 만약 우리가 방목지와 경작을 위해 충분히 가지기를 원한다면 말입니다. 그리고 반면 우리의 이웃들은 우리의 땅 일부분을 가지려고 원하지 않겠습니까? 만약 그들이 그들의 필요한 욕망의 한도를 넘어서고, 돈의 끝없는 획득을 스스로 바란다면 말입니다.

글라우콘 : 네 그것은 정말 피할 수 없습니다. 소크라테스여.

소크라테스 : 그리고 다음 단계는 전쟁이 될 것입니다. 글라우콘이여, 당신은 동의하지 않습니까?

글라우콘 : 네, 동의합니다.

소크라테스 : 지금 우리는 아직 전쟁의 효과들이 선한가 악한가를 논의하지 않겠습니다. 다만 우리는 지금 전쟁의 기원을 발견하였습니다. 그것은 이와 같은 요소로부터 옵니다. 그것은 도시와 도시에 사는 개개인들에게 가장 큰 악의 근원인 것입니다.

글라우콘 : 진실로 그러합니다.

소크라테스 : 그 도시는 보다 더 커져야만 할 뿐만 아니라 전

소크라테스에 의하면 인간의 영혼은 세 가지 종류의 쾌락과 욕망과 지배욕이 있다. 첫 번째는 지식을 획득하고자 하는 부분, 두 번째는 분노를 느끼는 부분, 세 번째 부분은 탐욕적 부분으로 음식과 성적 쾌락, 돈을 사랑하는 부분이다. 즉, 고기는 육체의 정욕을 만들고, 정욕은 재물을 원하게 되며, 재물을 사랑함으로써 전쟁이 일어난다. 소크라테스는 이러한 도시는 돼지에게나 적합할 뿐 지혜를 사랑하는 아테네인들을 위한 것은 아니라고 말한다. 이 도시는 처음의 도시보다 사치스럽고, 보다 많은 것을 요구하는 시민파벌과 전쟁을 이끈다. 도시의 파괴를 막기 위해 보다 많은 군인이 필요해지고 도시는 더욱 불안정해진다. 사람들 사이에는 더욱 많은 질병이 발생하게 되고 이로 인해 보다 많은 의사가 필요하게 될 것이라고 소크라테스는 경고하고 있다.

다이몬, 윤회, 소크라테스의 죽음

소크라테스는 일평생 '다이몬(Daimonion)'이라는 신성한 소리를 들었다.

그것은 어린 시절부터 시작되었고 아직까지 계속되고 있다. 그 음성은 나를 내가 가려고 했던 것으로부터 돌리곤 한

다. 그러나 결코 나를 강요하지는 않는다. 다이몬은 내가 정
치에 참여하는 것을 원하지 않았다.[25]

　다이몬이란 고대 그리스에서 신과 인간의 중간적인 신적
존재로 나중에 인간의 수호령(守護靈)을 의미하게 된다. 소크
라테스의 다이몬이 이러한 수호령인지 아니면 내면의 자신의
목소리인지는 알 수 없다. 다만 중요한 사항들을 결정할 때 마
다 길을 인도하였던 다이몬의 목소리로 인해 소크라테스는 영
혼의 존재를 확실히 인정할 수밖에 없었을 것이다.
　소크라테스는, 육체란 입다가 벗는 옷과 같아서 사람이 죽
은 후 영혼은 새로운 육체 속으로 환생을 한다고 믿었다. 그는
전쟁터에서 죽은 후 12일간 저 세상을 구경하고 다시 살아났
던 팜퓌로스족의 아르메니오스의 아들 에르의 이야기를 인용
한다. 즉, 사람이 죽으면 영혼이 육체에서 빠져나와 세상에서
의 행위를 판결 받는데 깨끗한 영혼은 하늘로 난 구멍을 통해
올라가고 먼지투성이인 영혼은 땅으로 난 구멍으로 내려간다
는 것이다. 그 영혼들은 살아서 저질렀던 잘못의 열 배를 되풀
이해서 벌을 받고 선행에 대해서는 열 배로 보상을 받은 후
다시 태어날 기회를 얻는다. 하늘로 난 두 개의 구멍 중 다른
구멍으로 깨끗한 영혼이 내려오고, 땅의 또 다른 구멍으로 먼
지투성이 영혼이 올라온다. 그리고 그 영혼들은 그들의 수호
신과 함께 어디서 태어날지에 대한 제비뽑기를 한다. 거기에
는 동물들의 생애와 인간의 생애 등 없는 것이 없었다. 용모,

체력, 명망, 왕, 독수리, 사자, 평범한 생애 등 많은 것을 선택할 수 있었다. 그러나 각자의 덕(virtue)만큼은 스스로에 달렸다. 다음 생을 선택한 영혼들은 아낭케 여신의 딸 라케시스의 앞으로 가야 했고 그녀에게 확인을 받는다.

유한한 죽음의 또 다른 주기를 시작하는 이들이여! 다이몬은 제비뽑기로 할당되지 않는다. 너희가 그것을 선택할 것이다. 첫 번째로 제비를 뽑는 자는 첫 번째로 생애를 선택할 것이고 그는 거기에 필연적으로 묶이게 될 것이다. 덕은 지배자가 없다. 그가 덕을 존중하는지 아닌지에 따라서, 각자는 그것을 보다 많거나 적게 가지게 될 것이다. 신은 아무 책임이 없다.26)

그 삶이 부유하든 가난하든, 건강하든 약하든, 고귀하든 천하든 인간 고유의 덕은 거기에 영향을 받지 않고 개인의 자유의지에 따른다는 것이다. 아마도 그것이 인간이 생을 살아가는 근본 목적이며 참된 목표가 되어야 한다는 의미일 것이다.
소크라테스에게 죽음은 두렵지 않았다. 그것은 카타르시스(katharsis), 순수한 영혼을 향한 한평생 투쟁의 절정이자 무덤과 같은 육체로부터 벗어나는 것이었기 때문이다.

플라톤 - 바른 정치는 채식생활에서 시작된다

플라톤은 기원전 428년 봄 5월 7일 아테네에서 태어났다. 소크라테스와 달리 플라톤은 고명하고 부유한 집안에서 태어났다. 그의 아버지 아리스톤의 조상은 아테네의 왕이었고 어머니 페릭티오네는 기원전 6세기 초반의 아테네의 입법가이자 개혁가였던 솔론의 가문이었다. 플라톤의 형은 『국가』에 등장하는 글라우콘과 아다이만투스이었고 여형제인 포토네의 아들인 스페우시푸스는 이후에 플라톤이 세운 아카데미를 이끌게 된다.[27] 플라톤은 펠로폰네소스 전쟁이 끝난 3년 후에 태어났는데 따라서 그의 어린시절과 초기 성인시절은 전쟁의 영향을 많이 받게 된다. 사실 플라톤의 운명을 바꾸었던 소크라테스의 죽음의 원인도 거슬러 올라가면 아테네와 스파르타

와의 전쟁인 펠로폰네소스 전쟁이었다. 플라톤의 아저씨 카미데스와 어머니의 사촌 크리티아스는 30인 참주의 멤버였다. 우리는 언제 플라톤이 소크라테스를 만났는지 정확히 알 수 없으나 아마도 플라톤의 어린시절 중에 만났을 가능성이 크다. 왜냐하면 그의 가족들 중 그의 형 글라우콘과 아다이만투스과 친척 차르미데스, 그리티아스는 소크라테스 그룹의 멤버였고, 따라서 플라톤도 어린 시절부터 그 그룹의 멤버였을 것이다. 소크라테스가 죽을 당시 기원전 399년 플라톤의 나이는 대략 30세 전후가 되므로 최소 10년 이상은 소크라테스에게 배웠을 것이다.

성숙을 향한 방랑시절

그에게 아버지와 같았던 소크라테스에 대한 사법살인에 대한 괴로움으로, 플라톤은 정치에 대한 혐오감 속에 아테네를 떠난다. 그리고 스스로 부여한 감옥 속에서 세상을 방랑하며 학습하는 12년을 보낸다. 우리는 이 방랑여행의 시기를 플라톤의 '잃어버린 시간'이라고 부른다. 그는 마가라에서 피타고라스학파의 유클리드 기하학을 공부하였고, 이집트의 카이로와 헤리오폴리스에서 연금술적 비전을 배웠으며, 페르시아에서 마기와 조로아스터의 비교적인 가르침을 배웠으며 거기에서 아마도 인도로 갔을지도 모른다. 플라톤은 12년간의 여행 끝에 과학과 종교의 중심지였던 남부이탈리아인 타렌툼으로 향했다. 40세의 성숙한 나이에서도 플라톤은 거기서 피타고라스학파의 계승자였던 아키타스의 제자가 되었다. 치국책, 수학, 피타고라스 형이상학을 아키타스로부터 모두 배운 후 플라톤은 아테네를 향해 항해를 하였다. 고향으로 가는 항해 중 그는 유명한 채식인 철학자를 만나고자 시실리를 들르기로 한다. 시실리는 기원전 412년의 펠로폰네소스 전쟁 중 결정적인 전투에서 아테네를 압도하고 있었고 사치스러운 경향과 함께 시실리인들은 만찬에서 동물의 살을 먹는 것으로 그들의 부를 과시하였다.

당시 시실리의 군주는 디오니시우스 1세였는데 플라톤은 그의 초청으로 궁전을 방문하고는 너무나 솔직하게 디오니시우스와 그의 가족에게 완전채식이라는 피타고라스 식이와 검소한 생활을 할 것을 촉구하였다. 그것은 왕의 아내 아리스토마체와 그의 두 딸 아레테와 소프로시네를 모두 모욕한 것이기도 하였다. 분노한 디오니시우스는 궁정의 뜰에서 플라톤의 손가락을 자르려 하였으나 신하들의 만류에 결국 플라톤이 시실리를 떠날 것을 허용한다. 천신만고 끝에 풀려난 플라톤은 다시 집을 향해 항해를 하였으나 배는 디오니시우스의 모략에 의해 에게 해에서 멈추고 만다.

서구 대학의 원형, 아카데미아

당시 에게인들은 그들의 영역에서 길 잃은 아테네 시민은 모두 죽었으나 운 좋게도 플라톤은 철학자로 간주되어 그의 생명은 연기되었고, 노예경매장에 끌려 나가게 되었다. 그러나 운명의 여신이 역사를 위해 안배를 하고 있었을까? 노예경매인은 플라톤의 넓은 어깨의 건장함과 넓은 이마로 드러나는 지적인 정신능력을 칭찬하였다. 북아프리카 지역인 키레네의 철학자 아니세리스는 경매에 참가하여 30미내라는 상당한 거금으로 플라톤의 자유를 사게 된다. 당시 플라톤 가족의 생활은 그의 방랑 여행으로 인해 초라해졌기에 그의 친구들은 아니세리스에게 몸값을 지불하기 위해 모금을 하였다. 그러나 아니세리스는 일절 받기를 거부한다.

대신 그 돈은 플라톤이 체육관과 운동장, 정원이 딸린 집을 구입하는 데에 쓰이게 되었다.[28] 기원전 387년 아카데미의 작은 숲 한복판에 플라톤은 피타고라스파의 규율을 모델로 하여 학교를 세웠다. 그것은 급속히 세계적인 명성을 얻게 되었고 학자들과 학생들은 그리스 전역으로부터 떼를 지어왔다. 그것은 현대 대학교의 원형이 되었다. 플라톤의 아카데미는 단순히 교육만 하는 곳은 아니었고 연구도 하였는데 특히 수학과 천문학이 유명하였다. 플라톤은 여기서『향연』『파이돈』『국가』를 저술하였다. 기원전 347년 죽기까지 그는『변론』외에 35편이 넘는 철학대화편과 많은 편지모음을 남겼다.

예수 - 의인은 그 동물의 생명을 돌아보나 악인의 긍휼은 잔인이니라(잠언 12:10)

창세기, 레위기, 다니엘서 등 구약의 곳곳에 숨겨져 있는 채식에 대한 언급과는 별개로 예수는 채식인이었을까 하는 질문은 흥미롭다. 성경에 분명히 예수가 채식을 하였다는 기록이 없는 상황에서 예수가 채식인이었다는 것을 어떻게 추론할 수 있을까? 예수는 오히려 물고기로 수천 명을 먹인 기적을 행한 바 있지 않은가?

전도여행 중 바오로는 고린도인들에게 편지를 보낸다.

그러므로 만일 음식이 내 형제를 실족케 하면 나는 영원히 고기를 먹지 아니하여 내 형제를 실족치 않게 하리라.(고린도전서 8:13)

(마태오와 같은) 사도들과 그 추종자들 중 상당수는 채식을 하였고 반면 바오로의 추종자들은 채식을 하지 않았는데, 위 구절은 이로 인한 그들 간의 긴장 관계를 알리고 있다. 고기를 먹는 것이 다른 크리스천에게 신앙을 흔들리게 하는 것이라면 기꺼이 채식을 따르겠다고 바오로가 선언하는 장면에서 우리는 초기 교회의 정신에서 채식이 매우 중요한 위치에 있었음을 짐작할 수 있다. 바오로는 로마인에게도 다음과 같이 썼다.

하나님의 나라는 먹는 것과 마시는 것이 아니요 오직 성령 안에서 의와 평강과 희락이라.(로마서 14:17)

고기도 먹지 아니하고 포도주도 마시지 아니하고 무엇이든지 네 형제로 거리끼게 하는 일을 아니함이 아름다우니라.(로마서 14:21)

바오로는 예수를 한 번도 직접 대면한 적이 없었음에도 사도들의 채식을 인정하고 있다는 점에서, 또 예수를 직접 따르던 사도들 중 상당수가 채식을 하였다는 점을 고려해 본다면, 예수가 채식을 하였고 그 제자들에게 권장하였을 가능성이 크다고 본다.

사실 예수가 죽고 난 후 각지로 전파된 기독교는 수많은 분파를 만들었다. 콘스탄틴(Constantinus, 228~337)은 313년에 종교의 자유를 허용하는(기독교의 박해를 중지하는) 밀라노 칙령을 발표하였고 323년에는 로마제국의 황제가 된다. 그는 교회 성직자의 토지세를 면제하고 세속적인 의무를 면제해 주었는데 이 같은 정치의 호혜를 눈감으며 로마의 기독교는 정치의 간섭을 묵인한다. 그 묵인 중 하나가 초기 기독교의 중요한 정신 중 하나였던 채식의 제거이다. 결국 로마 제국의 지원을 받은 비채식인 가톨릭교회가 기독교계를 지배하게 되었고 채식을 하던 초기 기독교의 정신은 점차 파괴되어 갔다. 남부 프랑스와 이탈리아 지역에 있었던 알비겐시안들은 고기뿐만 아니라 우유와 달걀도 먹지 않았던 기독교의 분파였는데 12세기 후반 로마교회는 알비겐시안(Albigensians)들을 침략하고 병사들은 이단의 여부를 동물을 죽이고 먹는가 아닌가로 구별하였다.

초기교회의 크리스천들

사해의 서북부 유대광야는 기원전후에 에세네파(Essene)라고 하는 유대교의 신비주의 종파가 살았을 뿐 2,000여 년 동안 불모지였다고 알려져 있다. 1946년 겨울, 잃어버린 양을 찾던 베두인의 어린 목동이 쿰란 언덕의 동굴에서 우연히 두루마리(Scroll)를 발견한다. 이른바 사해 두루마리가 세상에 널리 알려지게 되는데 여기에는 『에스더 서』를 제외한 구약의 모든 내용들과 기원전 2세기부터 기원후 1세기까지의 에세네파의 생활상이 담겨져 있었다.

공관복음서들은 기원후 70여 년 후부터 쓰이기 시작했고 신약성경이 최종적으로 완성된 것은 기원후 800년이 되어서였다. 따라서 오랜 시간 동안 종교적, 정치적 목적으로 채색될 수밖에 없어서 역사적 인물 그대로의 예수와 초기 크리스천의 생활상을 확인하는 데 어려움이 많았다. 그런데 쿰란의 두루마리는 예수 생존시의 초기 크리스천의 모습과 경전을 생생히 전하고 있었던 것이다.

두루마리에 의하면 에세네파는 처음에 한두 명이 광야에서 굴을 파고 기도와 명상을 한 것이 시초였는데, 이후 사람들이 늘어나면서 집단수도 생활을 하게 된다. 그곳에는 공동의 식사를 위한 대형식당과 주방, 성서를 베낄 수 있도록 마련된 필사실, 제분소, 빵 굽는 곳, 도기공장 등이 있었다. 이들 종교집단의 조직, 목적계율, 의식 등을 기록한 『종규요람』에 의하면, 이들 에세네파는 스스로 인적이 떨어진 이 유대광야에 모여 임박한 종말을 바라보며 메시아의 내림을 기다리고 엄격한 계율에 따라 생활하고 있던 사람들이다. 필로와 요세푸스의 기록에 의하면 에세네는 그리스어로 '성스러운(Holy)'이라는 의미를 갖는데 이들은 고기를 먹지 않았고, 식물로 만든 흰옷을 입었으며, 물로 의식을 행하였고, 개인재산을 공유하였고, 노예제를 인정하지 않았으며, 수비학(numerology)에 관심이 많았으며, 영혼의 불멸과 윤회설을 믿었다. 요세푸스는 몇 년간 에세네의 일원으로 생활하였는데 이들 에세네인들이 피타고라스파와 많은 공통점을 가지고 있었다고 기록한다.[29] 기독교 역사학자인 숀필드(Schonfield)는 초기 예수를 따르던 사람들은 '크리스천'으로 불리지 않았고 '나자렛(Nazarenes)'인으로 불렸다고 말한다. 예수가 스스로 나자렛 예수라고 하였던 것처럼 말이다. 현대의 신학자들은 예수가 살던 당시의 어떤 곳에서도 나자렛이라는 지명이 없었음을 지적한다. 또한 북부 유대의 에세네의 엄격한 채식인 분파는 나자렛인이라 불리었다는 점에서 예수는 에세네의 일원이었고 채식을 하였을 것이라는 주장이 있다.30)

잃어버린 교회역사 속의 채식인들

분명 신약성서 어디에도 예수가 고기를 먹었다는 구절은 찾기 어렵고 최후의 만찬에서조차 당시의 전통적인 양고기 식사에 대한 언급이 없다. 그러나 예수는 생선을 먹지 않았는가?

이에 구운 생선 한 토막을 드리매 받으사 그 앞에서 잡수시더라.(누가복음 24:42~43)

이 장면은 십자가에 못 박혀 죽은 후 예루살렘에 모여 있던 열한 제자들에게 다시 나타나신 예수의 등장 장면이다. 그러나 광야에서 40일간 단식을 하며 유혹을 견뎌내었고, 죽음까지 넘어서서 부활하였던 예수가 사도들에게 나타나 허기 때문에 비린내 나는 생선을 요구하였다는 것은 이해하기 어렵다. 누가복음에 예수가 구운 생선을 받았다고 나오는 것은 그리스어의 생선, 'ICHTHYS'가 '예수 그리스도, 신의 아들, 구세주'를 합성한 단어로 사용한 것임을 간과하고 후대에 잘못 번역된 것일 가능성이 크다.[31]

초기 교회의 많은 지도자들은 채식주의를 실천했었다. 알렉산드리아의 클레멘스, 오리겐, 바실, 그레고리, 아노비우스, 사막의 교부들, 존 크리소스탐, 제롬, 테툴리안, 성 아우구스틴은 크리스천 정신은 채식을 요구한다고 믿었다.[32] 기원후 1세기에 나사렛파, 에비오니트, 엘카사이트(Elchasaites), 오시안과 같은 유대 크리스천 분파들은 채식주의를 계속 신봉하였으며 마니교도들(Manicheans)과 같은 많은 영지주의 그룹들이 채식인이었다. 채식을 하였던 동방의 수도원과 은둔 성인들로는 이집트의 성 온토니, 성 힐라리온, 성 마카리우스, 성 팔래몬, 가자의 성 포피리, 성 도로테우스, 성 테오도시우스, 성 사바스, 성 풀겐티우스, 성 케라시무스, 이집트의 성 메리 등이 있으며 채식을 하였던 서방교회의 수도원과 은둔성인들로는 성 루퍼스, 성 루피시누스, 성 로마누스, 성 군델리니스, 성 리파두스, 성 마우루스, 성 우피시스, 성 세노크, 성 호스피티우스, 성 커티간, 성 핀탄 등 이외에 기록된 것으로만 수십 명의 성인이 있으며, 수많은 기독교 신비주의 성자들과 수도원 설립자인 성 베네딕트, 성 부르노, 성 알베릭, 성 로베르트, 성 스테판, 성 킬버트, 성 도미니크, 성 요한, 성 알버트, 성 알젤라 등도 모두 채식을 하였다.[33] 기독교의 채식인은 기록상만으로도 수백 명에 이르러 여기에 모두 옮긴다는 것은 어렵다.

레오나르도 다빈치 - 음란함을 피하고, 식이에 관심을 두라

알바노 서쪽 언덕인 빈치에서의 레오나르도의 탄생은 할아버지인 안토니오에 의해 기록되었다.

1452년 4월 15일, 토요일 밤 3시에 나의 손자가 태어났다. 아들 피에로의 아들. 그는 레오나르도라 이름지어졌다. 바르톨로메오 신부님이 그에게 세례를 주었다.

레오나르도의 아버지는 피렌체의 공증인이자 지주였던 세르피에르였고 어머니는 시골 출신의 젊고 얌전한 여성이었다. 그의 아버지는 네 번이나 결혼하였는데 다빈치가 스물네 살이 될 때까지 모두 아홉 아들과 두 딸을 두었다. 레오나르도는 서

자로 태어났으나 그의 아버지 집에서 적자 대우를 받으며 당시의 초등교육이었던 읽기, 쓰기, 산수를 배우며 자랐다. 그의 어머니는 다빈치가 다섯 살이던 1457년 아카타브리가와 재혼하였다. 그의 아버지는 레오나르도를 일반학교에 보낼 여유가 없다고 생각했기에 직업학교로 보냈다.

견습시절과 채식주의

레오나르도는 15세에 베로키오의 도제가 되어 그로부터 회화와 조각 등에 대해 배우게 된다. 당시 그림이나 조각은 열쇠 만들기나 캐비닛 만들기처럼 기술이나 공예로 취급받았다. 그는 곧 실력을 인정받아 1472년 피렌체의 화가 길드에 가입을 하게 된다. 레오나르도가 채식인이 된 계기는 두 가지로 추론된다. 하나는 당시 유행하던 신(neo)피타고라스주의 때문이고 다른 하나는 레오나르도의 절친한 채식인 친구 때문이다. 당시의 이탈리아는 르네상스의 영향으로 많은 고전들이 소개되었는데 플루타크, 플로티누스, 오비드, 엠페도클레스 등의 고대 사상가들이 포함되었다. 이들은 신피타고라스파로 불렸는데 기원전 1세기부터 기원후 2세기까지 활약하던 영육(靈肉)이원설에 근거하여 채식과 금욕 수행을 하고 피타고라스와 같은 철인을 숭배하였다. 레오나르도의 사상와 연구가 담겨 있는 노트에 의하면 그는 당시의 기독교 사상보다는 고대 사상에 더욱 심취하였다.

내가 크리스천 어린이로 되었을 때 당신은 나를 감옥에 넣었고 지금 만약 내가 크리스천으로 성장한다면 그것은 나를 더 나쁘게 만드는 것이다.[34]

다빈치는 인간이라는 존재를 영혼과 육체가 결합된 존재로 보았으며 육체적인 고통을 가장 큰 악으로 보았다.

인간은 두 가지로 구성되어 있다. 그것은 영혼(soul)과 육체(body)이다. 영혼은 우수하고 육체는 열등한 것이다. 지혜는 우수한 것에 속해 있고, 주요한 악은 열등한 부분에 속해 있다. 영혼에 있어 최고의 것은 지혜이고 육체에 있어 최악의 것은 고통이다. 그러므로 육체의 고통은 큰 악이며 지혜는 영혼의 중요한 선이다. 지혜로운 인간은 그것을 비교할 수 있다. 자연히 선한 인간은 알기를 원한다. 완전히 물질적으로 부유하기를 원하는 사람이 아니라면, 지혜가 완전히 결여된 사람이 아니라면, 마음에 진정한 부와 양식이 있다. 가난한 자란 많은 것을 바라는 자이다.

그는 고대의 신피타고라스파와 같이 물질보다는 영혼의 중요성을 강조하는데 육체의 고통을 최고의 악으로 규정하고 있다. 이러한 관점에 근거한다면 인간의 육체에 대한 레오나르도의 깊은 관심은 영혼의 완성을 위하여 당연히 필요한 것이었다. 그는 인간과 동물의 해부를 통해 인간과 마찬가지로 동물도 고통을 느낄 수 있음을 분명히 인식하고 있었다.

만약 움직일 수 있는 동물들이, 약해지고 소멸되는 그들의 몸뚱이를 유지하기 위해서 고통을 느껴야 하는 운명이라면, 식물은 움직일 수 없고 그러므로 어떠한 물체에 대해서도 공격하지 않으며 고통의 감정은 식물에게 요구되어지지 않는다. 그러므로 그들은 동물들이 느끼는 것처럼 부러졌을 때에 고통을 느끼지 않는다.[35]

레오나르도가 채식인이 되는 두 번째 가능성은 견습시절 친구를 통해서이다. 레오나르도의 가장 절친한 친구 중 하나는 토마소 마지니(Tomasso Masini)였는데 그는 채식인이었고 별명조차 채식을 하던 종파였던 조로아스터였다. 사실 그는 레오나르도보다 더 엄격한 채식인으로 한겨울에도 가죽, 양모, 털로 된 옷을 입는 것을 거부하였고, 가죽으로 된 신발이나 벨트를 착용하는 것도 거부하였다고 전해진다.[36] 레오나르도는 그의 채식 친구를 위해 옷을 직접 디자인하여 만들어 줄 정도로 가까웠다고 한다.

밀라노에서의 활동

레오나르도는 1482년 밀라노 대공의 후원을 받게 되어 피렌체를 떠나 밀라노로 떠나게 되는데, 1499년 루도비코가 권

좌에 물러나기까지 17년간 지내게 된다. 그곳에서 대공의 전속화가이자 조각가, 궁정연회 기획자, 군사, 토목, 건축 고문으로 지냈으며 이때 널리 알려진 <최후의 만찬>을 포함한 6점의 그림을 남긴다. 1500년 프랑스가 밀라노를 점령한 후 레오나르도는 피렌체로 귀향하여 사람들로부터 위대한 예술가라는 찬사를 받는다. 1502년에는 교황 알렉산다르 6세의 아들이었던 체사레 보르자의 군사, 건축 및 기술 전반 고문으로 일하게 된다. 다음해부터 3년간은 카시나 전투, 모나리자 등을 그리게 된다. 그러나 레오나르도는 결코 그의 지위를 이용하여 부나 사회적 지위를 추구하지 않았다. 그 스스로 욕망을 만족시키는 궁정화가들이 되기를 원하지 않았다. 대신 그는 부의 노예가 되는 것을 경멸하는 수도자였다. 레오나르도는 고대의 신비주의자들처럼 물질의 소유에 대한 집착이 없었다.

가장 많이 소유한 자는 잃을 것을 가장 두려워한다. 항상 원하는 것의 두려움을 위한 바람 속에 있는 자는 지극히 어리석은 자이다. 그리고 그의 인생은 그가 좋은 것을 즐기기를 바라는 동안 그만큼 많은 노동을 해야 하고 그의 인생은 날아가 버린다.[37]

레오나르도는 사람에게는 많은 물질이 필요하지 않으며 생존을 위해서는 단지 채식으로 충분하다고 말한다.

그대가 묘사되었던 것은 '동물들의 왕'이다. 그러나 나는 '야수들의 왕'이라고 말하겠다. 왜냐하면 가장 위대한 존재 그대는 단지 식도의 이익을 위해, 그들의 어린이(동물들)를 그대에게 주게 하기 위해서만 그들을 돕고 있기 때문이다. 지금 자연은 인간을 만족시키기 위해 충분한 단순한 양식(채식)을 생산하고 있지 않은가?[38]

레오나르도는 고기를 먹는 것이 인간에게 적합하지 않으며 육식동물에게조차 다른 동물의 살을 먹는 것이 옳지 않음을 역설한다.

인간과 동물들은 음식의 통로이고 도관이다. 동물들의 무덤과 죽은 존재들의 쉬는 장소, 그들을 죽임으로써 생명을 박탈하는 것(다른 존재의 고통 속에서 즐거움을 얻는 것), 이것은 그들 스스로를 파멸로 이끄는 통로이다.[39]

이 시기 동안 레오나르도는 산타마리아 누오바 병원에서 인체를 해부하고 실험들을 하면서 신체기관들의 구조와 기능에 대해 연구를 하게 된다. 그는 새의 비행, 물의 흐름, 기류와 수류의 유사성을 서술하였다. 그는 단지 인체의 해부와 구조에 관심을 가졌을 뿐만 아니라 일상의 건강을 유지하는 데 무엇이 필요한지 늘 관찰하였다.

건강을 유지하는 것을 배워라. 이 속에서 당신은 더욱 성공할 것이고 의사를 만나지 않게 될 것이다. 왜냐하면 그들의 약물은 연금술과 같은 책만큼이나 종류가 많기 때문이다.

건강을 지키기 위한 이 규칙은 지혜[40)

당신이 원할 때에만 먹고 조금씩 먹어라.
잘 씹고, 잘 요리되어진 것을 단순하게 섭취하여라.
약물을 섭취하는 자는 악한 충고를 받은 것이고
화를 경계하고 슬픈 기분을 피하라.
의자에서 앉거나 일어날 때 꼿꼿함을 유지하고
한낮에 잠자지 말라.
술은 물과 섞어서 약간만, 식사 사이에는 말고 빈속에도
마시지 말라.
규칙적으로 배변을 하고,
만약 운동을 한다면 가볍게 하라.
배를 위로 향하지 말며 머리를 아래로 향하지 말라.
밤에 잘 덮고,
머리를 잘 쉬고 당신의 마음을 즐겁게 유지시켜라.
음란함을 피하고, 식이에 관심을 두라.

레오나르도는 1506년부터 밀라노의 통치자 샤를 당부아즈를 따라 밀라노에서 6년간 머무르게 된다. 연봉 400다카르를 받으며 건축에 관해 조언을 하면서 인체의 해부와 생리, 수학, 광학, 지리학, 식물학 등을 연구한다. 1513년 프랑스인들이 밀라노에서 축출되면서 레오나르도는 새 교황 10세의 형제인 줄리아노 데 메디치를 찾아가게 된다. 65세가 되던 해에는 프랑스 왕의 초청을 받아 프랑스로 다시 가서 세례요한을 그렸다. 그리고 그곳에서 대부분의 시간을 과학연구를 분류, 편집하고 회화에 대한 논문과 해부학에 대해 글을 쓰며 보냈다. 레오나르도가 채식을 하였음은 그와 교류하였던 인물들의 서간에서도 확인이 되는데 안드레아 코살리가 지울리아노 메디치에게 쓴 1515년의 편지에서는 다음과 같은 구절이 나온다.

구자티는 피를 가진 음식 먹기를 거부하였다. 그는 스스로 살아 있는 어떠한 것에도 해를 주지 않겠다는 데 동의한 인물이다. 우리의 레오나르도 다빈치처럼.[41]

이와 같은 서간을 보건대 최소한 주위의 가까운 이들은 레오나르도가 채식을 실천하고 있음을 알고 있었다.

진리와 연민 사이에

레오나르도가 그림과 조각 이외에도 다양한 분야에 관심을 가졌음은 널리 알려져 있다. 그가 남긴 노트는 생리학, 비교생물학, 지구물리학, 수리학, 기상학, 식물학, 우주론 등에 관해 다양한 글과 그림을 남겨 놓았는데 40편 남짓한 사본들 중 현재 31편이 보존되어 있다. 그는 다양한 생물체들을 관찰하고 해부도 하였으며 특히 태아의 해부에 대해 관심이 많았다고 알려진다. 그가 남긴 노트에는 개구리의 척추를 뾰족한 것으로 찔렀을 때 즉사하는 장면이 묘사되어 있다.

어떠한 뼈나 내장 또는 피부를 절단해도 살아 있는 개구리는, 척추가 관통됨으로써 즉시 사망한다. 이로 볼 때 생명체의 운동의 기초는 척추에 있을 것이다.

그는 또한 부유한 고객의 저택에 손님으로 갔을 때에도 공개적으로 고기를 먹지 않았으며, 마을의 새장수로부터 새장에 든 새를 사서 교외에 자유롭게 풀어 주었을 정도로 감성이 예민한 휴머니스트였다. 그는 심지어 아직 부화되지 못한 알을 먹는 것도 거부하였다.

오! 얼마나 많은 생명들이 태어나지 못하는가! 먹히는 달걀은 결코 병아리가 될 수 없다.

동물의 생명을 희생시키는 실험을 하면서도 채식인이 될 수 있을까? 그에게 인간이라는 존재는 단지 육체로만 구성된 것이 아니며 참된 것은 영혼이라는 존재였다. 그러나 육체는 또한 영혼을 담는 그릇이었으며 영혼을 표현하는 도구였다. 생명의 근원을 향한 그의 갈망은 살아 있는 개구리에 대한 연민을 감수하였던 것이다.

1519년 5월 2일 쿨루에서 다빈치는 세상을 떠났다. 궁정교회에 시신이 안치되었으나 19세기 초 교회의 완전철거로 그의 무덤은 지금 찾을 수 없다. 그는 저녁을 빵과 신선한 과일 또는 이집트콩 수프 또는 아몬드 밀크로 요리된 완두 또는 간단한 채소 샐러드를 좋아했다. 그가 1519년 죽었을 때 그가 요리를 준비하기 위해 사용했던 책이 그의 서재에서 발견되었는데 그것은 채식요리법이 담긴 책이었다고 전해진다.[42]

뉴턴 - 육체에서 빛으로의 전환

　　뉴턴의 부모는 1642년 4월 결혼을 하였는데 아버지는 뉴턴이 태어나기 전에 질병으로 사망한다. 갈릴레오가 죽은 해이자 청교도 혁명이 일어난 해인 1642년, 예수가 탄생하였다고 하는 크리스마스 날 새벽 2시, 아이작 뉴턴은 유복자이자 조산아로 태어났다. 뉴턴의 아버지가 죽을 때 부인 한나에게 남긴 재산은 현금 459프랑 12실링, 234마리의 양, 46마리의 소, 귀리가 가득 채워진 몇 개의 헛간 등으로, 그 당시 보통의 농부들의 재산이 양 35마리에서 40마리 정도였고 전형적인 자작농의 재산이 100파운드를 넘지 못했다는 것을 감안하면 적지 않은 재산이었음을 알 수 있다.

어린시절

뉴턴이 세 살이 되던 해에, 뉴턴이 살던 링컨셔의 울즈소프에서 1마일 북쪽에 있던 작은 마을, 북 위트암의 목사 스미스가 한나와 재혼을 하게 된다. 과부였던 한나에게 청혼을 할 때 스미스의 나이는 63세였고 한나는 30세 정도였다. 1645년 한나에게 청혼을 한 스미스는 독립적으로 매년 500프랑의 수입을 자유롭게 쓸 정도였는데 17세기에 이 정도의 액수는 상당한 금액이었다. 처음에 한나는 스미스의 청혼에 대해 바로 답변을 하지 않고 가족들과 찬반논의를 하였다. 상거래와 같이 결혼의 조건들이 협상된 후에야 안나는 청혼을 받아들인다. 안나는 결혼을 한 후 스미스가 살던 지역으로 이사를 가지만 세 살 난 어린 뉴턴은 그의 할아버지 할머니와 함께 집에 계속 머물게 된다는 것이었다. 그 대신 뉴턴이 21세가 될 때 그에게는 50파운드 상당의 땅이 할당되고 울서의 집은 완전히 새로 수리를 하게 되었다.

스미스는 부유하였으나 연로하였고 사망한 그의 첫 번째 부인과의 사이에는 자식들이 없었다. 한나는 당연히 그가 오래 살지 못하리라고, 만약 그가 죽는다면 모든 것이 한나에게 상속될 것이라 생각했을 것이다. 그러나 스미스는 1653년 71세로 사망하기 전까지 한나를 통해 두 명의 딸과 한 명의 아들을 낳게 된다. 북 위트암에서 한나가 살던 8년 동안 뉴턴은 그의 조부모인 제임스·마거리와 함께 살았다. 물론 그의 할아버지 할머니가 최선을 다해 보살폈겠지만 어머니 한나만큼은 되지 못했을 것이고 뉴턴이 그의 조부모들에 대해 결코 언급한 적이 없었던 것으로 보아 그들 사이에는 사랑이 많지 않았으리라 보인다.

시간의 흐름

뉴턴은 조부모와 함께 살면서 라틴어, 그리스어 성경을 가르치는 130년 전에 세워졌던 초급학교에 다니게 된다. 뉴턴은 정규과목에 흥미가 갖지 못했으나 13세 되던 해 『자연과 예술의 신비』라는 책을 읽고 심취하였다. 거기서 뉴턴은 풍차와 같은 기계적인 모델을 설계하고 만들어서 또래들 사이에서 명성을 얻게 된다. 교장이었던 스토크는 뉴턴의 재능을 알아보고 어머니 한나를 만나 뉴턴을 대학에 보내도록 권유를 한다. 처음에 한나는 반응을 보이지 않았다. 전혀 교육을 받지 못했고 배움의 세계를 전혀 인식을 할 기회가 없었던 한나는 그녀의 아들 역시 교육받을 필요가 없다고 생각한 것이다. 남편도 없는 그녀에게 중요한 것은 재산을 관리하기 위해 농장을 잘 운영하는 능력을 키우는 것뿐이었고, 이를 위해서 뉴턴은 그녀와 함께 있어야 했다. 그러나 스토크는 1658년 재차 방문하여 그녀의 아들을 대학에 보내야 한다고 설득을 하였고 한나는 결국 뉴턴을 대학에 보내게 된다. 동복(同腹)형제들과 다투며 보내던 뉴턴의 시간은 이로부터 완전히 다른

방향으로 진행하게 되었다. 그것은 인류의 역사에 있어 크나큰 행운이었다.[43]

캠브리지의 학창시절

1661년 6월 5일 뉴턴은 신입생으로 트리니티 칼리지에 입학을 하게 된다. 2분의 1평방마일 정도 되는 캠브리지에는 대략 3,000명의 학생과 대학원생들, 대학 스태프들을 포함하여 8,000명 정도가 생활을 했다. 당시 대학교에는 어린 학생들에게는 매우 위험한 위협과 유혹들이 도사리고 있었다. 학생과 교수들을 대상으로 하루가 멀다 하고 강도와 절도, 살인이 일어났고 교내 곳곳에서는 매춘이 일상적으로 있었는데 다윈이 대학을 다니던 1820년대까지 이런 현상은 지속되었다고 한다. 뉴턴의 대학 수업료는 일년에 10내지 15프랑이었고 생활비가 10프랑 정도 더 들었는데 모두 어머니 한나로부터 받았다. 당시 한나의 1년 수입이 700프랑이 넘었으므로 그리 어려운 일은 아니었다. 입학한 첫해에, 동료들보다 두 살 더 많았던 19살의 뉴턴은 수사학, 지리학, 예술, 성경, 문학, 라틴어, 그리스어, 히브리어 등을 열심히 배웠다고 알려진다. 그는 정규수업 이외에도 데카르트의 기하학, 기계적 철학이나 보일의 화학뿐만 아니라 연금술 사상인 헤르메티시즘도 접하게 되었는데 이 사상들은 이후 데카르트의 기계론이 만연하던 당시, 혁명적인 개념이었던 보이지 않는 힘, 보편중력을 생각해 낼 때 중요한 영향을 끼치게 된다.

흑사병과 신비의 2년

시민전쟁 후 곧바로 닥친 1665년의 흑사병으로 영국에서는 거의 10만 명 이상이 사망하게 된다. 흑사병은 검은 쥐에 사는 벼룩이 인간을 물면 면역력이 약해진 인간에게 병균이 침입하여 발생하는 것이었다. 이 흑사병은 런던에서 시작되었기에 런던에서 더욱 극심하였는데 당시 50만 정도였던 런던의 인구 중 7만 명이 사망하였으며 어떤 날에는 하루에 수천 명이 죽어나갔다. 이 기세는 뉴턴이 있던 캠브리지도 예외가 될수 없어 2주 동안에만 15명이 사망하게 되고 학교는 결국 임시휴교령을 내리게 된다. 뉴턴 역시 학교를 떠나 어머니의 집이자 그의 고향인 울즈소프로 돌아와 지내게 된다. 영국의 한적한 시골마을에서 1665년과 1666년 동안 20대 초반의 뉴턴은 인류의 과학사에 매우 중요한 발견들을 이루게 된다.[44]

뉴턴은 수학, 광학, 천문학, 물리학 등 다방면에 걸쳐 중요한 발견을 해냈는데, 그 스스로도 이 2년간의 시기가 그의 삶에서 전성기였음을 고백한다. 그는 1665년 초에 오늘날의 미분법인 '유율법'을 만들었고 프리즘을 통해 빛을 연구하여 색깔에 대한 이론, 역제곱법칙 등 이후에 자신의 주요 발견을 구체화하는 데 필요한 기본 아이디어를 발견하게 된다.

이후 1686년 왕립학회에 접수되었던 『프린키피아(자연철학의 수학적 원리)』는 510쪽의 방대한 분량으로 우리가 알고 있는 관성의 법칙, 힘과 가속도의 법칙, 작용 반작용의 법칙을 담고 있는데, 그 기본원리는 2년간의 휴교령 때 사과나무 아래에서 이루어진 것이었다. 달의 운동과 혜성의 운동 등도 뉴턴의 법칙을 통해 해석하게 되면서 뉴턴 이후로 과학은 사람들에게 다른 분야의 과학일지라도 동일한 법칙이 적용된다는 '단일한 과학'이라는 이미지를 심어주게 된다.

청교도주의와 아리안주의

　뉴턴의 대학생활에서 어려웠던 점 중 하나는 신앙에 대한 부분이었다. 당시 영국의 대학들은 영국 국교회의 교의를 지지하였는데 뉴턴은 청교도신앙을 가지고 있었다. 청교도신앙에 의해 뉴턴은 성관계를 피하고 결혼이나 가족을 가지려는 바람, 물질적인 야망이나 사회적인 목표도 무시하게 된다. 청교도주의에 심취한 그는 엄격히 감정과 감각의 만족을 절제하였다. 뉴턴에게 있어 세계는 신과 지혜라는 쌍둥이 기둥으로 세워져 있었고 따라서 '신과 지혜에 대한 연구'는 신이 그에게 부여한 책임이면서 다른 인간적인 욕구를 대체할 수 있는 힘을 가지고 있었다.

　뉴턴의 사상에서 중요한 또 하나는 그가 죽기까지 굳건히 견지하였던 아리안주의(arianism)다. 아리안주의는 4세기경 알렉산드리아의 아리우스(arius)에 의해 제안된 것으로 성경에 근거하여 '예수는 신이 아니라, 아버지인 신에 의해 창조된 인간'이라는 것이다. 아리우스는 신인 성부만이 시작이 없고 영원하며 아들인 예수는 아버지에 의해 낳아졌고 따라서 영원하지 않다고 하였다.[45)

뉴턴은 로마 가톨릭 교회가 그리스도를 해석함에 오류를 범했다고 생각했다. 그는 개신교의 개혁에도 부분적으로는 동의하였으나 초기기독교의 원래상태로 돌아가기에는 충분하지 않다고 보았다. 뉴턴은 성경을 더욱 읽고 연구하였고 가능한 한 성경의 원본을 읽으려 하였다. 그는 결국 '성부 성자 성령 삼위가 하나'라는 구절이 그리스 원본 성경에는 없음을 발견하게 된다. 1672년에서 1675년 사이에 그는 아리우스주의자가 될 수밖에 없는 12가지 이유를 서술하는데 그 첫 번째가 "신이라는 단어는 성경 어디에도 삼위 중 하나라고 언급되지 않는다."라는 것이었다. 즉, 예수는 아버지, 신과 같은 실체가 아니고, 예수가 신성하다 할지라도 예수는 첫 번째 창조물로서 신에 의해 창조되었다. 신의 아들인 예수는 세상에 보내졌는데 그것은 인간의 죄를 대신하고자 고통 받는 인간의 영혼으로서가 아니었다.

연금술사

수도승처럼 평생을 홀로 살았던 그의 삶을 이해하는 데 빠뜨릴 수 없는 또 한 가지의 요소는 뉴턴의 연금술이다. 연금술

은 그리스어로 '분리와 결합'이라는 의미를 가지고 있는데 값
싼 금속을 금이나 은으로 만드는 실험기구가 가득한 이미지로
나타난다. 그러나 인류의 역사에서 연금술은 두 가지 갈래가
있었다. 한 가닥은 금속을 변환시키는 것과 같은 자연의 탐구
이고 다른 가닥은 철학적인 영적인 훈련이다. 과학의 탐구로
서 연금술은 화학, 합금, 물리학, 의학으로 연결되어 나갔으며,
철학적인 영적인 훈련으로서의 연금술은 점성술, 신비주의,
심령술로 이어진다. 세계의 역사를 돌이켜 보면 연금술은 메
소포타미아, 고대 이집트, 페르시아, 인도, 한국, 중국, 고대 그
리스, 로마, 이슬람사회와 유럽사회 등에서 19세기까지, 최소
한 2,500년 동안 이어져 왔다. 연금술에서 '불로장생의 영약
(elixir of life)'은 모든 질병을 치유하고 생명을 영원히 연장한다
고 제안되었다. 중세가 시작될 때 유럽의 연금술사들은 전설
의 물질인 '철학자의 돌'을 찾기 위해 많은 노력을 기울였다.
이 철학자의 돌은 금으로 만들기 위해서도, 영원한 생명을 얻
기 위해서도 필수적인 성분이었기 때문이다.

　뉴턴의 연금술에 대한 관심은 그랜트햄의 약제사 가게에서
부터였는데 학창시절부터 뉴턴은 물질들의 조합에 대해 관심
이 많았다. 뉴턴은 송진, 장미, 꿀, 올리브유, 백포도주, 붉은
백단향 등을 섞어서 마시곤 했는데 뉴턴은 그것이 강력한 힘
을 가지고 있다고 여겼다. 당시 연금술은 화학과 구별하기 어
려웠는데 같은 원리와 도구를 사용하고 있을 정도였기 때문이
다. 굳이 구분하자면 화학은 염색작업이나, 양조, 증류작업 등

좁은 영역의 전문가 작업이었고 연금술은 보다 정신적인 면이 가미되어야 했다. 즉, 성공적인 연금술사가 되기 위해서는 '순수한 정신'과 '신성한 초월에 대한 이해'가 있어야 했다. 1667년경 뉴턴은 연금술과 화학을 연구하기 시작했는데 용어사전을 직접 만들었다. 그것은 화학물질의 이름과 기구, 화학용어가 포함된 7,000개 이상의 용어와 설명이 포함된 것으로 거의 모든 화학적 내용과 함께 수많은 연금술적인 용어들이 포함되어 있었다. 예를 들면 아니마(Anima)는 인성의 깊은 내면의 측면을 의미하였고, 일릭사(Elixar)는 만병통치약인 연금술약을 의미하였다. 뉴턴의 멘토(mentor)는 '보일의 법칙'을 발견한 로버트 보일이었는데 보일 역시 화학자이자 연금술사였다.

뉴턴은 채식인이었는가?

평생을 독신으로 지내며 은둔에 가까웠던 뉴턴의 삶으로 인하여 뉴턴의 채식에 대한 일화를 찾기는 쉽지 않다.

존 컨듀이는 뉴턴의 조카사위로 뉴턴의 말년에 많은 시간을 함께 보냈다. 그의 기록에 의하면 뉴턴의 일상식사는 채식이었다.

> 그는 동물의 살을 거의 먹지 않았고 주로 묽은 채소수프, 채소와 과일을 늘 양껏 먹었다.[46]

세계채식인협회의 홈페이지에는 플로리다의 쿠키 캐슬리라는 인물의 뉴턴이 채식인이었는가에 대한 물음이 올려져 있다.

뉴턴의 전기문들에서 누구도 정확히 언급하고 있지 않을지라도, 뉴턴이 채식인이었다는 소문이 오래전부터 있어 왔다. 그래서 나는 뉴턴의 채식에 대한 자료들이 있는지에 대해 연구자들에게 글을 보냈다. 나는 캠브리지 대학의 뉴턴 연구가인 페트리샤 파라로부터 첫 답신을 받았다. "나도 소문을 들었다. 그러나 그가 그의 생애에 마지막 5년간 고기를 먹지 않았다는 것 이외에 그가 고기를 먹지 않았다는 증거는 없다. 그때에 그는 매우 허약해진 상태였을 것이고 아마도 채식인이 되어야 하는 가벼운 식이를 따랐을 것이다." 나는 미국인 뉴턴 연구가 게일 크리스찬손으로부터도 답신을 받았다. "뉴턴은 나이가 들었을 때 채소와 묽은 수프를 먹는 경향이 있었다. 그러나 그가 인생의 초기와 중반에 채식인이었다는 것을 의미하는 증거는 없다."[47]

여러 가지 기록과 증언들을 종합해보면 뉴턴은 최소한 인생의 마지막 5년 이상은 채식인이었던 것 같다. 뉴턴은 아리우스의 교의를 따랐고 철저한 청교도인이었다. 미국에 첫발을 디뎠던 청교도인들 중 상당수가 채식인이었다는 것은 최근 밝혀진 채식인의 역사이기도 하다. 또한 뉴턴은 영생불멸을 연구하던 연금술사이기도 하였다. "빛으로의 육체의 변환, 그리고 육체로의 빛의 변환은 변형을 즐거워하는 자연의 과정에서 매우 자연스러운 일이다."라고 뉴턴은 기록했다. 뉴턴은 물질의 변화뿐만 아니라 인간의 영혼, 육체의 변화를 알고 있었다.

　피타고라스의 음악에 대한 '톤과 화음'의 글들을 읽으며 뉴턴은 그의 노트에 "피타고라스가 이미 역제곱의 법칙을 알고 있었다."라고 기록한다. 피타고라스는 이미 우리가 잘 알다시피 서구역사 전반에서 명성 높았던 '서구 채식인의 아버지'이다. 따라서 뉴턴은 피타고라스가 강조했던 채식의 중요성에 대한 서술을 읽었을 것이다. 그의 신체가 약해져서 채식을 할 수밖에 없었을 것이라고 몇몇 전기가들은 해석해 보지만 그 당시의 영양상식으로는 건강을 위해 채식이 아니라 닭고기 수프를 만들어 먹는 게 더 자연스럽다. 따라서 '묽은 채소수프와 채소, 과일'로 서술된 인생의 후반, 최소한 5년간 그가 채식인이었음은 뉴턴이 그 이전에 채식을 실천할 가능성을 말해 주는 것이고 그것은 단지 건강 때문만이 아니었을 가능성이 크다. 뉴턴에게서 채식은 인생 전반을 걸쳐 지칠 줄 모르고 추구하였던 '진리의 사랑'이라는 큰 바다로 향하는 흐름에서의 당연한 합류점이었다.

간디 - 맹세를 했던 날의 축복

　　영국의 지배하에 있던 벵골 구자라트 주의 작은 공국에서 총리였던 아버지와 넷째 부인이었던 어머니 사이에서 간디는 태어났다. 어머니 푸틀리바이는 '비슈누'를 신앙하는 힌두교의 일파였는데 우주만물이 영원함을 믿고 비폭력과 채식, 도덕이 엄격한 자이나교의 영향이 컸다. 간디의 아버지는 세 아들 가운데 막내였던 간디를 자신의 후계자로 지목하였는데 간디는 당시 풍습에 따라 13세에 결혼을 하였다. 그는 눈에 띄는 학생은 아니었고 몸도 약했는데 친구의 꾐에 빠져 처음으로 고기를 먹게 되었다. 그의 허약한 신체와 소극적인 성격을 고치고 싶었기 때문이었다.

그는 내게 알렸다. "우리 선생님들 중 많은 수가 비밀리에 고기와 술을 먹고 있어." 친구는 또한 (고기를 먹고 있는) 마을에 널리 알려진 사람들의 이름을 많이 말해 줬다. 거기엔 또한 약간의 고등학교 소년들이 있었다. 나는 놀랐고 고통스러웠다. 나는 나의 친구에게 그 이유를 물었고 그는 설명했다. "우리는 약한 민족인데, 왜냐하면 고기를 먹지 않기 때문이야. 영국인들은 우리를 지배할 수 있어. 왜냐하면 그들은 고기를 먹기 때문이지. 너는 내가 얼마나 건강하고 얼마나 잘 달리는지 알 거야. 그것은 내가 고기를 먹기 때문이야. 고기를 먹는 사람은 열이 나거나 부스럼에 걸리지 않아. 설사 걸린다고 해도 금방 나아버리지. 고기를 먹는 우리 선생님들과 다른 특별한 사람들은 바보가 아니야. 그들은 고기의 장점을 잘 알고 있어. 너는 고기를 먹어야 해. 시도하는 데에는 아무 문제가 없어. 시도해 봐. 그리고 그것이 무슨 힘을 주는지 지켜봐."

고기를 먹으라는 친구의 유혹은 한 번으로 그치지 않고 오랫동안 계속되었고 간디는 친구의 끈질김에 넘어가고 만다.

나는 확실히 나의 형제와 이 친구들과 비교하여 약한 신체로 보였다. 그들은 훨씬 건강했다. 육체적으로도 강했고 보다 대담했다. 그는 보다 먼 거리를 달릴 수 있었고 매우 빨랐다. 그는 높이 오랫동안 뜀뛰기를 하였다. 게다가 나는 겁쟁이였다. 나는 도둑과 유령, 큰 뱀을 두려워하곤 했다. 감히

밤에 문밖에 나갈 수 없었다. 나에게 어둠은 두려웠다. 한쪽으로는 유령이, 다른 한쪽으로는 도둑이 또 다른 한쪽으로는 뱀이 다가올까봐 어둠 속에서 자는 것은 거의 불가능했다. 나의 친구는 나의 이러한 약점을 모두 알고 있었다. 그는 나에게 그가 손으로 산 뱀을 잡을 수 있고, 도둑을 물리칠 수 있으며, 유령을 믿지 않는다고 했다. 그리고 이 모든 것은 물론 고기를 먹은 결과라는 것이었다. 구자라티 시인 나마드의 서투른 시는 우리 학교학생들 사이에 유행이었다.

보라 힘센 영국인들
그들은 작은 인도인을 지배한다.
고기를 먹기 때문이지.
그의 키는 오 큐핏.[48]

그러나 곧 간디는 부모님을 속이는 것이 잘못된 것임을 깨닫고 스스로 고기 먹는 것을 중지하게 된다.

영국에서 만난 채식

간디는 1887년 간신히 사말다스 대학에 입학하게 되었고 처음엔 의사가 되려 하였으나 비슈누교의 터부와 아버지의 자리를 이어야 하는 가문의 전통에 따라 변호사로 방향을 바꾸게 된다. 이를 위해 영국으로 가게 되었는데 어머니는 그의 영국유학을 원하지 않았다. 그러나 간디는 어머니와 영국에 가서 술과 여자, 고기를 먹지 않을 것을 맹세하고 허락을 받아내어 1888년 9월 런던의 이너템플 법과대학에 입학하게 된다. 영국에 도착한 간디는 처음부터 식사로 어려움을 겪게 된다.

하지만 나의 식사는 심각한 문제가 되었다. 나는 소금이나 조미료가 없이 조리된 끓인 채소를 맛있게 먹기 어려웠다. 여주인은 무엇을 나에게 준비해줘야 하는지 알지 못했다. 우리는 아침에는 오트밀 죽을 먹었는데 그것으로 아침은 충분했다. 그러나 나는 점심과 저녁때에는 항상 굶주리곤 했다. 친구는 계속해서 나에게 고기를 먹어야 한다고 설득하려 했다. 그러나 나는 나의 맹세로 변명했고 그런 다음 침묵했다.49)

간디는 그야말로 생존을 위해 런던의 한 채식식당을 찾았는데 그곳에서 채식주의에 대한 여러 가지 정보를 얻게 된다.

나는 채식식당을 찾기 시작했다. 여주인은 나에게 시내에 그런 장소가 있다고 말해주었다. 나는 매일 10 내지 12마일을 걸었다. 값싼 식당을 찾아서 빵으로 배를 채우려고, 그러나 결코 만족할 수 없었다. 이런 방황을 하던 중, 나는 해링턴 거리에 있는 채식식당을 알게 되었다. 그곳은 나에게 어린 시절에 느끼던 그런 즐거움을 안겨주었다. 나는 그 식당에서 설트의 『채식주의를 위한 변명』을 보았다. 설트의 책을 모두 읽었고 매우 인상적이었다. 이 책들을 읽어나가는 나날로부터 나는 선택에 의한 채식인이 되기를 주장할 수 있게 되었다. 나는 나의 어머니 앞에서 맹세를 했던 날을 축복했다. 나는 믿음과 내가 했던 약속 때문에 고기를 먹지 않았었다. 그러나 동시에 나는 모든 인도인들이 고기를 먹어야만 한다고 생각했었다. 그런데 선택은 지금 채식주의로 바뀌었고 이제부터는 그것을 널리 알리는 것이 나의 사명이 되었다.

간디는 당시에 볼 수 있었던 채식주의에 관한 모든 책을 사서 읽었다고 기록한다.

하워드 윌리엄(Howard William)의 『식이의 윤리(The Ethics of Diet)』는 역사의 초기에서부터 현대에 이르기까지 인류의 식이에 대한 연구의 전기체적 역사였다. 그것은 피타고라스와 예수로부터 현대의 채식인들까지 모든 철학자들과 예언자들의 채식을 밝혀 놓으려 한 것이었다. 안나 킹스퍼드 박사의 『완벽한 식이의 길』 또한 매력적인 책이었다. 알린손의 건강과 위생에 대한 책도 마찬가지로 유용하였다. 그는 환자의 식이를 조절하는 것에 근거한 치료법을 주장하였다. 그스스로 채식인이었고 그는 그의 환자에게 엄격한 채식식이를 처방하였다.

영국 채식인협회

이방에서 찾은 채식의 중요성에 간디는 더욱 심취하게 되었다. 처음 그는 인도에서 어머니의 신앙과 약속 때문에 억지로 채식을 하였으나 영국에 와서는 보다 확실한 채식에 대한 이론과 근거, 설명, 사상, 인물들을 접함으로써 채식에 대한 적극적인 실천을 하게 된다.

나는 나의 식이를 변화시키기 시작했다. 나는 채식주의의 저자들이 종교적으로, 과학적으로, 실천적으로, 의학적인 측면으로 매우 상세하게 공격하는 질문들에 대해 연구를 한 것을 알게 되었다. 윤리적으로 그들은 다음과 같은 결론에 도달하고 있었다. 즉, 인간의 하등동물들에 대한 우월성은 인간이 다른 동물들을 잡아먹어도 된다는 것이 아니라, 인간이 다른 동물들을 보호해야 한다는 의미이다. 이 속에서 동물들과 사람들의 상호도움이 있어야 한다. 그들은 또한 사람들이 즐기기 위해서가 아니라 생존을 위해서 먹는 것이 진실임을 명백히 하였다. 따라서 몇몇은 그들의 삶에서 동물의 살뿐만 아니라 달걀과 우유를 절제해야 한다고 제안하였고 실제로 그들은 그렇게 살았다. 과학적으로 몇몇 사람들은 사람의 육체적 구조가 조리를 하기보다는 과일을 생식하는 동물이었음을 결론내렸다. 사람은 단지 그의 어머니의 젖만을 취하고, 이가 나자마자 고형물을 섭취하기 시작한다. 의학적으로는 모든 향신료와 조미료의 거부를 제안하였다.

현실적으로 그리고 경제적으로는 채식식이가 최소한의 비용이 듦을 역설하였다. 이러한 모든 고려사항들은 나에게 영향을 미쳤다. 그리고 나는 채식식당에서 이러한 모든 형태의 채식인들을 만날 수 있었다.

간디는 이 과정에서 영국의 채식인협회가 매주 발간하던 잡지를 탐독하였는데 스스로 채식인협회에 가입하고 곧이어 실행위원으로 활동하게 된다. 그리고 당시 영국의 채식인협회에서 활동하던 주요 인물들과 교류를 하게 된다.

새로운 종교에 대한 개종자의 열정은 태어나면서 믿었던 사람들보다 크다. 채식주의는 영국에서 새로운 종교의식이었고 나에게도 마찬가지였다. 나는 고기 먹는 것에 대해 신뢰를 하고 있었으나 나중에 지적으로 채식주의로 전환하였다. 채식주의에 대한 개종자들의 열정은 충만되어 있었고, 나는 내가 살던 지역에서 채식주의 클럽에 가입하기로 결정하였다. 나는 그 지역에 살고 있던 채식인협회의 부대표이던 에드윈 아널드 경과 후에 대표가 되는 올드필드 박사를 방문하였다. 나는 자발적으로 간사가 되었다. 그 클럽은 한동안 잘 운영되었다. 그러나 몇 달이 되지 않아 끝을 맺게 되었다. 주기적으로 지역을 이사하는 나의 습관에 따라 그 지역을 떠나게 되었기 때문이다. 그러나 이 짧고 자그마한 경험은 나에게 협회를 조직하고 운영하는 일말의 경험들을 주었다.

간디는 채식의 문을 통해 다양한 인물들을 만나게 된다. 당시 영국의 채식인들 중에는 인도주의자, 신지학회원, 사회주의자 등 이상주의자들이 많았는데 그들의 단순한 생활의 유익과 고도의 도덕적 가치, 인류애적인 사랑 등은 간디의 건강과 인격뿐만 아니라 이후의 정치적 사상과 실천들 특히 아힘사에 근거한 저항에 많은 영향을 주게 된다.

영국 채식인협회에서의 경험들은 단지 좋은 것만 있었던 것은 아니었다. 그러나 간디는 그 모든 것을 편견 없는 시선으로 소화시켜 자신의 영혼이 성장하는 자양분으로 삼았고 이것은 이후에 인도에서 종교에 상관없이 포용하는 그의 힘이 되었다.

영국 채식인협회의 대표는 미스터 힐이었는데 그는 테임즈 철강회사의 소유자였다. 그는 청교도였는데 협회의 운영은 실질적으로 그의 재정적인 지원에 힘입어 가능했다. 운영위원의 많은 수가 다소간 그의 영향 아래 있었다. 명성 있는 채식인이었던 알린슨 박사도 운영위원회의 일원이었다. 그는 새로운 산아조절운동을 주장하였고 노동자들 사이에 이 방법을 연설하였다. 미스터 힐은 이런 방법들은 도덕의 뿌리를 자르는 행위라고 간주하였다. 그는 채식인협회가 단지 식이뿐만 아니라 도덕적인 계몽을 위한 목적도 가지고 있다고 생각했다. 움직임은 그의 제거로 나타났다. 의문이 내게 깊이 일어났다. 나는 인위적인 방법으로 출생을 조절한다는 알린슨 박사의 견해를 위험하다고 보았다. 그리고 청교도로서 미스터 힐은 그에게 반대하도록 사명이 부여되었다고 믿었다. 나는 미스턴 힐과 그의 자애로움을 높이 존경했다. 그러나 단순히 청교도 도덕을 협회의 목적 중 하나로 고려하는 것을 거부하였다는 것 때문에 채식인협회에서 한 사람을 배제한다는 것은 아주 부적절하다고 나는 생각했다. 협회에서 반 청교도의 배제를 고려한 것은 개인적인 것 뿐이었고 채식인협회의 목적과는 아무 관계도 없었다. 협회는 채식주의의 장려를 하는 것이지 다른 어떤 도덕시스템이 아니었다.

채식과 함께한 요법들

간디는 채식에 대한 깨달음과 함께 다른 식이방법들에 대해서도 계속 관찰하고 자신의 몸을 대상으로 실험을 하며 검증을 해 나간다. 그는 아침 먹지 않기나 좌욕, 흙찜질, 단식 등의 효과에 대해서도 그 효과가 컸음을 그의 자서전에 기록하였다.

나는『흙 치료법(earth treatment)』을 읽었다. 저자는 신선한 과일과 견과류를 인간의 자연식품으로 주장했다. 나는 과일 식이를 배제하지 않았으나 곧바로 흙 치료법을 시작했다. 그리고 놀라운 결과를 얻게 되었다. 이 치료법은 차가운 물에 축축하게 적신 깨끗한 흙으로 붕대를 만들고, 아마 천 위에 습포처럼 만들어 복부 위에 덮는 것이다. 나는 잠잘 시간에 이것을 했고 내가 깨어날 때인 밤이나 아침에 그것을 벗겨냈다. 이 방법으로 나는 급속히 치료되었다. 내가 내 삶에서 두 가지 심각한 질병을 가지고 있었음에도 나는 사람들이 약을 필요로 하지 않는다고 믿었다. 1,000개의 경우 중 999개는 잘 조절된 식이와 물 그리고 흙 치료법 그리고 유사한 가정 요법으로 치유될 수 있다. 의사에게 달려가는 사람은 그의 수명을 줄일 뿐만 아니라 자기조절을 상실하고 스스로 육체의 주인이 되는 대신 종으로 되는 것이다.

민족지도자 간디

그는 인도가 아니라 영국에서 처음으로 읽게 되었던 바가바드 기타에서 아파리그라하(aparigraha, 무소유)와 사마바바(samabhava, 평정)를 실천하였다. 귀국하여 변호사일을 할 때에도 대부분의 수입을 공적인 활동에 사용하였고 농장을 세워 근검절약과 육체노동을 몸으로 실천한다.

간디의 사회적인 정치적인 활동은 내면으로부터의 종교를 확인하는 작업이었다. 그리고 그것을 가능케 하였던 것은 채식을 통해서 내면의 평정과 인내, 절제, 신념을 키움으로써 가능했다. 만약 간디가 채식을 하지 않았다면 분명 우리가 기억하는 간디는 존재하기 어려웠을 것이다. 간디에 있어 채식은 단순한 식생활 이상의 힘으로 작용했던 것이다.

히틀러 - 순결한 땅의 이방인

사생아로 태어났던 히틀러는 어머니의 성이었던 '스클그루
버'를 사용하였으나 1876년에 '히틀러'로 성을 바꾼다. 히틀
러는 초등학교를 졸업한 후 중등 직업학교인 레알슐레에 입학
하였으나 성적불량으로 졸업장을 받지 못한다. 16세이던 1906
년에 학업을 중단한 후 화가가 되기로 하고 빈에 있는 미술학
교에 응시하였으나 2년 연거푸 낙방을 한다. 1914년 제1차 세
계대전이 발발하자 독일군에 자원하여 보병으로 배치되어 영
국군과 싸웠다. 1919년 9월 히틀러는 반유대주의에 기반을 둔
반혁명정당인 독일 노동당에 55번째로 입당하게 된다. 1934
년 대통령이 죽자 히틀러는 대통령제를 폐지하고 자신이 총통
겸 총서기가 된다. 그러나 사회보장정책의 실시, 실업자의 감

소, 자급자족정책의 성공 등으로 히틀러에 대한 대중의 인기는 올라갔는데 대중은 히틀러가 나타나면 열광적으로 환영하였다. 그러나 독재정치로 언론, 집회의 자유가 사라지고 반대파는 강제수용소에 수용되거나 살해되었다. 1938년 히틀러는 자신이 국방장관을 겸임하여 군부를 완전히 장악하게 되는데, 이듬해 1939년 폴란드를 침공하여 제2차 세계대전을 일으킨다. 1940년 프랑스를 침공하는 데 성공하지만 1941년 소련과의 전쟁은 실패로 되었다. 히틀러는 점령지에서 물자를 약탈하고 주민들을 강제노동에 동원하였으며 600만 명 이상의 유대인을 강제수용소로 이송하여 참혹하게 살해하였다. 히틀러의 억압과 착취는 전 유럽에서 반 나치 저항운동을 일으켰으며 연합군에 몰리던 1945년 4월 30일 베를린의 총통관저 지하에서 그 전달에 결혼하였던 에바 브라운과 함께 히틀러는 음독자살을 한다.

히틀러의 요리사들

1991년 9월에 「뉴욕타임스」에서는 히틀러가 채식인이었던가 하는 물음에 대해 두 개의 답변을 실었다. 독자기고란에 실린 두 개의 짧은 기사 중 하나는 "히틀러를 채식인에 넣지마라."였다. 기고가는 『유대주의와 채식주의』의 저자였던 리차드 슈바르츠(Richard Schwartz)였는데 600만의 유대인을 학살하였던 '인간 도살자' 히틀러가 숭고한 채식인의 그룹에 들어왔다는 것에 대해 그는 분명 심히 분개하였고 깊이 의문을 가졌음에 틀림없다. 조사한 것을 바탕으로 슈바르츠는 히틀러가 채식인 파티에 가서 즐기곤 했으나 그의 주된 주식은 고기가 중심이 되었다고 밝힌다. 그는 히틀러의 전기를 쓴 수많은 전기작가들이 히틀러가 바바리안 소시지, 햄, 간, 야생동물들을 좋아했다고 언급하였음을 지적하였다. 게다가 만약 히틀러가 채식인이었다면 제2차 세계대전 중 독일에서 식량이 부족한 상황에 직면했을 때 그 해결방법으로 채식을 권하였을 텐데 그는 그렇게 하지 않았다는 것이다.[50]

또 다른 기고가에 의한 '히틀러의 채식인 합류'의 부당함을 주장한 두 번째 기고문의 제목은 "그는 비둘기를 사랑했다."였다. 유럽의 요리가 디오니 루카스(Dione Lucas)가 그녀의 책에서 소개하였던 "히틀러가 고기를 먹었다."라는 구절을 언급한 것이다. 그녀는 1964년에 『식도락 요리학교』라는 요리책을 썼는데 거기에서 1930년대에 함부르크에 있는 호텔의 요리사로서 그녀의 경험을 서술하고 있었다. 그녀의 기억에 의하면 히틀러의 좋아하던 요리는 채식요리가 아니었다고 분명히 말한다. 그 책에는 다음과 같이 쓰여 있었다.

나는 비둘기요리가 독자 여러분의 식욕을 돋울 것이라고 생각하진 않아요. 하지만 이것을 아는 것에 대해서는 여러분은 분명 흥미를 가질 거여요. 히틀러는 내가 일하던 함부르크의 호텔에 종종 와서 저녁을 들었고 특히 비둘기 요리를 아주 좋아했어요.

그녀는 비둘기요리를 먹는 것이 쉽지 않은 작업이었음을 설명한다.

비둘기를 먹을 때 가장 성가신 것 중 하나는 수십 개의 작은 뼈였어요. 그것을 먹기 위해 당신은 작은 살 조각마다 싸워야만 해요. 당신이 식사를 마쳤을 때에는 당신의 식탁 위는 납골당같이 보일 것이고 당신은 지칠 대로 지쳐 있을 거예요.[51]

채식인의 기준과 히틀러의 채식

'삼겹살을 좋아하는 채식인' 또는 '스테이크만 먹는 채식인' 이런 구절이 가능할까? 1996년 「뉴욕타임스」의 일요 매거진에서는 1937년 5월 30일자 신문 기사였던 "총통과 집에서"를 소개하였다.

히틀러가 채식인이고 술이나 담배도 하지 않는다는 것은 널리 알려져 있다. 점심과 저녁은 대부분 수프, 달걀, 채소와 광천수로 구성된다. 그는 때때로 햄을 맛있게 먹고 그의 식단의 단조로움을 캐비어 같은 식품으로 변화를 갖게 한다.

또한 히틀러의 가까운 친구였던 프라우 헤스(Frau Hess)는 "히틀러는 간으로 만든 만두를 제외하고는 고기를 먹지 않았다."고 증언한다.

물론 처음부터 채식을 하기 쉽지 않기에 채식을 권장하고자 채식운동가들은 채식을 종종 넓게 잡기도 한다. 네발 달린 것을 먹지 않지만 두 발 달린 가금류를 먹는 것을 세미 베지테리안(semi vegetarian)이라고 하고, 가금류까지 먹지 않지만 생선을 먹는 이를 페스코 베지테리안(pesco vegetarian)이라고 표현하는 것이다. 그러나 이에 따른다고 하더라도 생선과 비둘기와 소시지를 즐겨 먹는 이를 채식인에 넣기는 어렵다. 세계 채식인협회에서 정의하는 '채식인'이란 다양한 식물성 식품에 우유와 계란이 허용되는 정도뿐이다.

누가 왜 히틀러를 채식인으로 만들었는가?

히틀러 스스로도 채식의 장점을 떠들고 다녔지만 일반인들에게 히틀러가 채식인이라고 알려진 것은 의도적인 조작에 의해서였다고 한다. 히틀러의 전기 중 하나인 『아돌프 히틀러의 삶과 죽음』에 따르면 '히틀러의 채식주의'는 히틀러를 혁명적인 금욕주의자, 파시스트 간디와 같은 독특한 분위기를 만들려고 했던 히틀러의 선전장관이었던 괴벨스에 의해서였다. 약간 길긴 하지만 이 책에 묘사된 진실을 인용해 보자.

히틀러의 금욕주의는 그가 독일을 계획한다는 이미지에 중요한 역할을 하였습니다. 널리 믿어진 전설들에 따라 그는 흡연도 음주도 하지 않고 고기도 먹지 않으며 여자도 관계하지 않는다는 것이었습니다. 단지 첫 번째만 사실이었어요. 그는 맥주도 마셨고 포도주도 묽게 타서 종종 마셨습니다. 그는 바바리안 소시지에 특별한 선호를 가지고 있었고 에바 브라운이라는 정부를 두고 있었습니다. 그녀는 베르크호프에서 그와 조용히 살았습니다. 여인들과 관련된 다른 비밀스런 일들이 있습니다. 그의 금욕주의는 그의 온전한 헌신, 자기 조절을 강조하고 다른 사람들과 그를 분리할 거리를 만들기 위해 괴벨스에 의해 고안된 허구입니다. 사실 그는 아주 자기 멋대로 하고 금욕주의의 본성은 전혀 없는 인물이었습니다. 그의 요리는 상당히 뚱뚱한 윌리 칸넨베르크라 불리는 남성에 의해 호화스럽게 준비되었는데 궁중의 어릿광대처럼 행동하였습니다. 히틀러가 소시지 이외에 고기에 대해 좋아하지 않았고 생선을 먹지 않았다 할지라도 그는 캐비어를 즐겼습니다. 그는 단것, 결정화된 과일, 크림 케이크의 감식가이기도 했는데 그는 놀라운 양을 소비하였습니다. 그는 크림과 설탕에 빠질 정도로 많이 넣은 차와 커피를 마셨습니다. 어느 독재자도 일찍이 그렇게 먹은 이는 없었습니다.

채식협회의 박해와 그의 망가진 몸

대개의 경우 채식을 하다보면 자연스럽게 채식을 함으로써 얻는 기쁨을 주위에 알리고자 하게 된다. 남들 몰래 조용히 채식의 유익을 즐기는 이라 할지라도 최소한 채식이 다른 이들에게 전해지는 것을 방해하거나 막지는 않을 것이다. 이런 관점에서 본다면 히틀러가 채식인이었을 가능성은 더욱 낮아지게 된다. 히틀러는 채식인협회를 박해하였다고 알려진다. 예를 들어 독일의 채식신문의 발행인은 히틀러가 채식인이라고 그의 신문에 기사를 실었다가 무모한 행위를 하였다고 선전장관으로부터 벌금을 물었다. '채식운동'이라는 용어를 사용할 수 없었을 뿐만 아니라 채식인의 모임 장소를 알리는 것도 금지되었다. 심지어 게슈타포(Gestapo)는 채식 레시피가 포함된 책조차 몰수하였다.[52]

쾡한 눈동자와 메마른 이미지에서 쉽게 연상되듯 히틀러는 단것을 좋아한 만큼 충치가 심했으며 급성 위장질환과 동맥경화, 심장질환이 있었다. 동맥경화나 위장병은 고기를 먹는 것과 관련성이 큰 질환이다. 이러한 그의 건강상태를 기준으로 볼 때에도 히틀러가 채식을 했을 가능성은 낮다.

한국의 채식인 - 채식국가를 세웠던 자랑스러운 한민족

『태백일사』의 '삼신오제본기' 제1에는 우리 조상들이 살아 있는 것의 생명을 소중히 하였음을 알려준다.

또 살생에 법이 있으니, 위론 국왕으로부터 밑으론 서민에 이르기까지 반드시 스스로 때와 물건을 가려서 했다. 그래서 살생함에 있어 첫째로 함부로 죽여서는 안 되나니, 예부터 부여에 말이 있어도 타지 않고 죽이는 것을 금하고 방생한다 함은 역시 이런 뜻이다. 그러므로 깃든 짐승은 죽이지 않으며 알을 품은 짐승을 죽이지 않는다 함은 그 번식할 때를 가려서 죽이지 않기 때문이라. 어린 것을 죽이지 않고, 이로운 짐승을 죽이지 않고 살림은 그 짐승의 종류를 가림이라. 물

건을 중하게 여김이 이처럼 지극했다 할 것이니라.[53]

말을 타지조차 않을 정도로 생명에 대한 경외가 지극하였던 조상님들이 어찌 그 생명을 죽여 식탁 위의 음식으로 삼고자 하였다고 상상할 수 있을까?

단군부터 고려 왕조까지의 역사책인 『해동역사』 1권 '세기편'에는 다음과 같이 나온다.

> 왕제(王制)에 이르기를, "동쪽의 오랑캐를 이(夷)라 한다."고 하였다. 이(夷)란 저(柢)이니, 어질어서 살리기를 좋아하여 만물이 땅에 뿌리박고 자란다는 말이다. 그러므로 천성이 유순해서 올바른 도리로 거느리기가 쉽다. 이에 심지어는 군자(君子)가 죽지 않는 나라까지 있다. 이(夷)에는 아홉 종족이 있다. 그러므로 공자가 구이(九夷)의 나라에 가서 살고자 한 것이다.[54]

신라와 백제는 법으로 채식을 실천했다.

철인 피타고라스는 자기가 살던 작은 도시국가에 육식을 법으로 금하고자 하였지만 결국 실패하였었다. 그러나 모든 살아있는 것의 생명을 소중히 하는 전통이 내려왔던 이 땅에서는 채식의 법이 온 국가에 실현되고야 만다. 『삼국유사』에는 백제 제29대 법왕(法王)이 전 국민들에게 살생을 금하였다고 나온다.

　백제 제29대 법왕의 이름은 선(宣) 또는 효순(孝順)이라고
도 한다. 개황 10년 기미(599)에 즉위했는데, 이해 겨울에 조
칙을 내려 살생을 금지시키고 민가에서 기르는 매나 새매
따위를 놓아주고, 또 물고기 잡는 기구를 불태워버리고 고
기 잡는 것을 일체 금지했다."[55]

　살생을 금하고 육식을 금하는 법령은 이후에도 계속 시행
되었던 것으로 보인다. 익산 왕궁리 유적은 백제의 제30대 임
금이었던 무왕(600~640) 때 조성된 궁성유적으로 남북길이 490
미터, 동서너비 240미터에 이르는 직사각형 궁궐 담장으로 둘
러싸여 있는데 삼국유사에는 무왕이 천도한 것으로 되어 있
다. 문화재청 국립부여 문화재 연구소는 1989년부터 시작된
발굴의 다섯 번째 중간보고를 2007년에 발표하였는데 정화조
시설을 갖춘 대형화장실에 남겨진 기생충을 채취, 분석한 결
과 육식이 아니라 채식을 할 때 존재하는 기생충들이었다.[56]
그러나 국가적인 채식실천은 백제에만 있었던 것이 아니다.
『삼국사기』「신라본기」에는 법흥왕도 온 국민에게 살생을 금
했다는 기록이 나온다.

　법흥왕 16년(529)에 영을 내려 살생을 금지시켰다.(十六年
下令禁殺生)[57]

동물의 살생을 금하였으니 동물의 살을 먹지 않게 된 것은 당연하다. 6세기 우리나라 삼국시대의 살생, 육식금지법은 백 년 후 일본으로 건너가 아스카시대의 살생금지령으로 이어진 다. 1차가 675년 덴무왕 때의 '육식금지법', 2차가 721년 덴쇼 왕 때의 '살생금지법'이다.

고려인은 어진 사람들이었다

고구려, 백제, 신라의 채식전통은 고려시대에도 잘 이어진 것으로 보인다. 『고려도경』은 『선화봉사고려도경(宣和奉使高 麗圖經)』의 약자인데, 1123년 송나라 사신 서윤적을 따라왔던 서긍이 고려를 방문하면서 1개월간 보고 들은 것을 글과 그림 으로 남긴 것이다. 당시의 정치, 사회, 문화, 경제, 예술, 풍속 등을 40여 권에 담은 귀중한 보고서로 서긍은 고려인이 평상 시에는 쌀과 채소를 중심으로 식생활을 하며 고기를 먹는 것 은 극히 드문 일이라고 증언한다.

"고려의 봉록이 몹시 박해서 생쌀과 채소를 줄 뿐이며, 평상시에 고기를 먹는 일이 드물다."

고려의 관리들조차 평상시 곡류와 채소류를 위주로 한 채 식인이라는 것이니 일반 서민들 역시 채식을 하였을 것이다.

『고려도경』에는 고려백성들이 해산물을 주로 먹었다 하며, 육류는 전혀 언급하지 않고 있다.

> 가난한 백성은 해산물을 많이 먹는다. 미꾸라지(鰌)·전복(鰒)·조개(蚌)·진주조개(珠母)·왕새우(蝦王)·문합(文蛤)·붉은게(紫蟹)·굴(蠣房)·거북이 다리(龜脚)·해조(海藻)·다시마(昆布)는 귀천 없이 잘 먹는데, 구미는 돋우어 주나 냄새가 나고 비리고 맛이 짜 오래 먹으면 싫어진다. 고기잡이는 썰물이 질 때에 배를 섬에 대고 고기를 잡되, 그물은 잘 만들지 못하여 다만 성긴 천으로 고기를 거르므로 힘을 쓰기는 하나 성과를 거두는 것은 적다. 다만 굴과 대합들은 조수가 빠져도 나가지 못하므로, 사람이 줍되 힘을 다하여 이를 주워도 없어지지 않는다.[58]

서긍은 고려인들이 일상에서 채식을 위주로 하였기에 잡아먹고자 동물을 키우지도 않을 뿐 아니라 동물을 도살하는 일도 매우 서투름을 증언한다.

그리고 어류를 잡을지라도 성긴 천으로 고기를 힘들게 잡는다고 표현한다. 이미 삼국시대에 동북아시아의 바다를 주름잡고 놀라운 건조기술을 자랑하던 우리 조상님들이었다. 멀리 중국과 일본에까지 아름답고 정교한 직물을 전하던 기술이 있었다. 그런데 촘촘한 그물을 만드는 기술이 부족해서 성긴 천을 사용하였는가? 작은 새끼들, 치어(稚魚)들을 놓아주기 위해서가 아니었을까? 우리 조상들은 작은 미물들이 죽을까 봐 뜨거운 물조차 식혀서 마당에 뿌리던 어진 분들이었다. 당시 널리 알려졌던 불교나 도교에서도 살생에서 특히나 경계를 하였던 것은 작은 새끼들, 태어나지도 않은 태아 상태나 알의 상태의 생명들을 해치는 것이었다.

서긍은 고려인이 다스리는 나라는 매우 어질어 생명을 해하는 것을 함부로 하지 않는 나라라고 덧붙인다.

고려는 정치가 심히 어질어 부처를 좋아하고 살생을 경계하기 때문에 국왕이나 상신(相臣)이 아니면, 양과 돼지의 고기를 먹지 못한다. 또한 도살을 좋아하지 아니하며, 다만 사신이 이르면 미리 양과 돼지를 길렀다가 시기에 이르러 사용하는데, 이를 잡을 때는 네발을 묶어 타는 불 속에 던져, 그 숨이 끊어지고 털이 없어지면 물로 씻는다. 만약 다시 살아나면, 몽둥이로 쳐서 죽인 뒤에 배를 갈라 내장을 베어내고, 똥과 더러운 것을 씻어낸다. 비록 국이나 구이를 만들더라도 고약한 냄새가 없어지지 아니하니, 그 서투름이 이와 같다.[59]

고려인들이 외국에서 사신이 올 때 접대용으로 어찌할 수 없이 동물을 음식으로 삼는 것뿐이고 그때를 위해서이긴 하지만 잡아먹고자 동물을 기르는 일은 아주 특별한 일로 여겼다. 일상에서 고기를 먹는 일이 없으니 동물을 도살하는 방법도 역시 잘 모를 테고 당연히 요리하여 먹는 법도 몰랐을 것이다. 서긍은 백성이 가난하기 때문이라고 짧은 그의 관점에서 해설하였으나 산이 70퍼센트나 되는 나라에서 하고자만 하였다면 목축을 장려하여 고기를 먹는 일은 그리 어려운 일이 아니었을 것이다. 고려인들이 고기를 먹지 않았던 것은 오랜 역사 속에서 내려온 생명을 소중히 하는 생활철학의 힘이었다.

조선시대

조선왕조에는 36위의 왕이 나오는데 평균수명은 47세이다. 태종에서 성종까지 전기의 왕들은 풍질, 당뇨, 종기, 이질 등을 앓았고 이로 인해 사망한 경우가 많다. 이것은 대부분 육식과 관련된 질병이기도 하다. 세종은 54세에 승하하였는데 『조선왕조실록』에 의하면 육식을 좋아했다고 한다.[60] 아버지인 태종이 자신이 죽은 후 상중에도 고기를 먹을 수 있도록 유언을 할 정도였다. 그리하여 세종은 안질, 종기, 부종, 설사 등을 수시로 앓았고 서른이 넘어 벌써 당뇨로 고생하기 시작했다. 말년의 눈병, 안질도 당뇨합병증으로 현대의들은 추정한다. 고려 때까지 청정하였던 채식문화가 왜 조선시대에는 무너지기 시작하였는가? 많은 이들이 몽골(원나라)의 침략으로 인해 육식문화가 들어오기 시작했고 조선이 건국하면서 유교로 국교를 바꾸게 되면서 육식에 익숙해지기 시작했음을 지적한다. 고기를 넣은 만두나 고기를 뼈째 고아먹는 설렁탕이 바로 몽

골족의 풍습이고, 공자는 당시 중국의 풍습대로 사람의 고기까지 먹었다는 이야기가 있을 정도이니 말이다. 특히나 고기와 생선이 포함되었던 유교의 제례예식은 왕실뿐만 아니라 사대부, 일반 백성들에게까지 전파되었다.

그러나 이전보다 고기를 더 먹게 되었다는 조선시대라 할지라도 우리의 주식은 여전히 쌀을 중심으로 한 채식이었음을 부인할 수 없다. 성균관은 교훈(教訓)을 관장하는 곳으로 국가에서 항상 유생(儒生) 수백 명을 양성하였다. 『용재총화』에는 성균관을 운영하는 데 필요한 운영자금으로 베와 쌀을 내렸다고 나온다.

> 나도 또한 임금께 아뢰어 향관청(享官廳)을 세웠다. 그 뒤에 성전(聖殿)의 동서무(東西廡)와 식당을 개축하고, 베 500여 필과 쌀 300여 석을 내리셨으며, 또 학전(學田)을 내리셔서 이것을 관중(館中)의 수용에 충당하게 하였는데……61)

서구와 같이 목축이 성행하였다면 하사한 운영자금에 분명 소나 양이 포함되었을 것이다. 또한 조선조가 유교가 중심이 되었다고 하지만 불교와 도교, 전통사상은 민중들의 생활 속에 뿌리 깊게 남아 생명존엄의 사상을 유지시켰을 것이다.

현대의 채식인

1960년대까지 고기소비량은 1년에 3킬로그램을 넘지 않았다. 지금의 10분의 1도 채 되지 않는 양이다. 명절이나 생일 때 그것도 잘게 잘라서 맛을 보았을 뿐이다. 지금은 채식에 대한 장점이 널리 퍼지면서 채식으로 전환하는 한국인은 점점 증가추세에 있다. 다음은 신문, 잡지 등 언론에 소개된 한국의 유명한 채식인들이다.

대장암 치료 후 채식을 하는 한양대 신경외과 김재민 교수, 23년간 채식하는 김해 금강병원 허명철 원장, 1980년대에 대한민국 전역을 채식으로 휘몰았던 이상구 박사, 유기견을 키우며 채식을 하는 임순례 영화감독, 채식전도사 삼육대 송숙자교수, 당뇨병 후 완전채식인이 된 김호충 대한조선 사장, 소식과 채식으로 건강을 지키는 건국대 흉부외과 송명근 교수, 5년 전부터 고기를 끊고 10킬로그램을 감량한 가수 박진영, 철저한 채식이 건강의 비결이라는 탤런트 정소녀, 채식을 실천하며 환경을 노래하는 치과의사 손현아, 98세에 별세하기까지 채식을 하였던 국악인 김천흥, 라이딩을 즐기는 건강한 채식인 70년대 포크가수 김세환, 촬영장에서 불쌍하게 누워 있는 돼지를 보고 채식인이 된 가수 김창완, 세계 격투기 챔피언 권영철, 페스코 베지테리안 황창규 삼성 반도체 총괄 사장, 13년째 채식하는 독실한 불교신자 펜화가 김영택 화백, 생명과 평화를 노래하는 채식가수 박창근, 자연생식 전문가 문성희,

신부도 채식하는 가수 정지찬, 채식과 소식을 한 작가 피천득, 박정희 대통령의 차녀 박근령, 채식한 지 10년이 된 탤런트 송일국, 민변 대표 이석태 변호사, 자연식 전도사 기준성, 사찰음식의 전도사 선재스님, 10년 채식명상가 부채도사 장두석, 채식으로 건강을 다지는 대덕전자 김정식 회장, 미국 태권도 대부 이준구, 이수덕 불교 텔레비전 사장, 하루 30분만 잠을 자는 신용일, 이동근 한솔병원장, 민노당 국회의원 강기갑, 아난다 마르가의 고철기, 전 농림수산부장관 허신행, 녹색연합 김제남 사무처장, 이외에도 많은 이들이 채식을 하고 있고 채식을 시작하려 하고 있다. 자애로운 부모가 좋은 것을 자식에게 주려 하듯, 사랑하는 연인이 함께 행복을 나누려 하듯, 채식의 유익을 맛본 이들은 부모 형제에게 친지에게 이웃에게 채식의 기쁨을 널리 알리고 있다.

주

1) *CHAMBERS DICTIONARY OF ETYMOLOGY*, Chambers Harrap Publishers Ltd., 2005.

2) Rynn Bery, *Hitler: Neither vegetarian Nor Animal Lover*, Berry, 2004, p.36.

3) Joanne Stepaniak, M.S.Ed., *Being Vegan*, Lowell house anodyne, 2000, p.1.

4) 『조선왕조실록』 세종 7권.

5) 이광수, 『사랑』.

6) 장삼식 엮음, 『학습한자사전』, 교학사, 1985.

7) http://alldic.daum.net/dic/ 다음사전.

8) http://alldic.daum.net/dic/ 다음사전.

9) http://alldic.daum.net/dic/ 다음사전.

10) Majjhima Nikaya 41: Saleyyaka Sutta, I 286~290.

11) Majjhima Nikaya 135: Culakammavibhanga Sutta, III 202~206.

12) 김지수, "채식의 계율과 자비정신", 「월간불광」, 1998.12.

13) 『수능엄경』

14) Rynn Berry, *Famous Vegetarian*, Pythagorean Publishers, 1995, p.5.

15) *Iamblichus' Life of Pythagoras*, Inner Traditions International, Ltd., 1986, p.54, p.60.

16) *Iamblichus' Life of Pythagoras*, Inner Traditions International, Ltd., 1986, p.57.

17) *Iamblichus' Life of Pythagoras*, Inner Traditions International, Ltd., 1986, p.58.

18) *Crito*, 50d.

19) W.K.C.GUTHRIE, *Socrates*, Cambridege, 2001, p.66.

20) 『향연』, 174a.

21) 『향연』, 220a.

22) 『향연』, 220b.

23) *Republic*, 372a-c.

24) *Republic*, 373a-e.

25) *Apology*, 31c-d.

26) *Republic*, 617d-e.

27) R.E.Allen, *The Dialogues of Plato* (Vol.1), Yale University Press, 1984, p.2.

28) Rynn Berry, *Famous Vegetarian*, Pythagorean Publishers, 1995, p.37.

29) A. Dupont-Sommer, *The Jewish Sect of Quamran and the Essenes*(trans. R.D. Barnett, The MacMillan Company, 1955, p.117)

30) Schonfield, *Passover Plot*, p.207; Rynn Berry, *Famous Vegetarians*, Pythagorean Publishers, 1995, p.43.

31) 「채식물결」 3호, 한국채식인협회, 2006.10., 68쪽.

32) Keith Akers, *The Lost Religion of Jesus*, Lantern Book, 2000; Stephen R. Kaufman & Nathan Rraun, *Good News*, Vegetarian Advocates Press, 2004, p.8.

33) Dr.Holly Roberts, *Vegetarian Christian Saints*, Anjeli Press, 2004.

34) *The Notebooks of Leonardo Da Vinci*, Oxford, 1998, p.288.

35) *The Notebooks of Leonardo Da Vinci*, Oxford, 1998, p.278.

36) Rnyy Berry, *Famous Vegetarian*, Pythagorean Publishers, 1995, p.61.

37) *The Notebooks of Leonardo Da Vinci*, Oxford, 1998, p.273.

38) *The Notebooks of Leonardo Da Vinci*, Oxford, 1998, p.375.

39) *The Notebooks of Leonardo Da Vinci*, Oxford, 1998, p.278.

40) *The Notebooks of Leonardo Da Vinci*, Oxford, 1998, p.229.

41) *The Notebooks of Leonardo Da Vinci*, Oxford, 1998, p.382.

42) Rynn Berry, *Famous Vegetarian*, Pythagorean Publishers, 1995, p.64.

43) Michael White, Isaac Newton, *The Last Sorcerer*, PERSEUS BOOKS, 1997, p.28.

44) Michael White, Isaac Newton, *The Last Sorcerer*, PERSEUS BOOKS, 1997, p.85.

45) Rowan Williams, *Arius, Heresy $ Tradition*, EERDMANS, 2001.

46) Michael White, Isaac Newton, *The Last Sorcerer*, PERSEUS BOOKS, 1997, p.358.

47) www.ivu.org/history/england19a/newton.html, 2008.6.12.

48) Gandhi, *An Autobiography*, Beacon, 1993, p.21.

49) Gandhi, *An Autobiography*, Beacon, 1993, p.46.

50) "Dont't put Hitler Among the Vegetarian.", *New York Times*, 1991.9.21.

51) Dione Lucas with Darlene Geis, *The Gourmet Cooking School Cookbook*, Bernard Geis Associates, 1964, p.89.

52) Rynn Bery, *Hitler: Neither vegetarian Nor Animal Lover*, Berry, 2004, pp.58~59.

53) 『태백일사』, 삼신오제본기 제1(三神五帝本紀 弟一).

54) 『해동역사(海東繹史)』, 제1권 세기(世紀).

55) 『삼국유사』, 백제 법왕편.

56) 「국민일보」, 2007.02.12.

57) 『삼국유사』, 신라 법흥왕편.

58) 『선화봉사고려도경』, 제23권 잡속 2(雜俗二) 어(漁).

59) 『선화봉사고려도경』, 제23권 잡속 2(雜俗二) 도재(屠宰).

60) 『조선왕조실록』, 세종편.

61) 『용재총화』, 제2권.

큰글자 살림지식총서 076

역사 속의 채식인 피타고라스에서 뉴턴까지

펴낸날	초판 1쇄 2013년 4월 12일
	초판 2쇄 2017년 5월 19일

지은이	이광조
펴낸이	심만수
펴낸곳	(주)살림출판사
출판등록	1989년 11월 1일 제9-210호

주소	경기도 파주시 광인사길 30
전화	031-955-1350 팩스 031-624-1356
홈페이지	http://www.sallimbooks.com
이메일	book@sallimbooks.com

ISBN	978-89-522-2413-2 04080
	978-89-522-3549-7 04080(세트)

※ 이 책은 큰 글자가 읽기 편한 독자들을 위해
   글자 크기 14포인트, 4×6배판으로 제작되었습니다.